eBayで100万円稼ぐ！

クールジャパン個人貿易学院学院長
志村康善
Yasuyoshi Shimura

ネット個人輸出の成功マニュアル

ビジネス社

はじめに

「ユーズド・イン・ジャパン」という言葉を、ご存じでしょうか？

日本の中古品という意味で、メイド・イン・ジャパンになぞらえて作られた最近の英語です。このような言葉が生まれるほど、今、世界が日本の中古品、特に趣味製品を求めているのです。

「日本人は服を大事に着るから古着でも信じられないくらい状態がいい」「日本にはものを大切にする文化があると思う」。このように**日本人に対する信頼感は世界中に広がっていて、安くて高品質な日本の中古品への熱い需要が、世界各地で生まれています**。このような世界的な日本ブームに乗って、店舗を持たず、自宅にいながら個人輸出に成功する日本人が増え始めています。

そして、新型コロナウイルス禍で、外に出て店で買い物ができないため、ネット通販は活況を呈しています。本書で紹介するｅＢａｙやアマゾンなど、国際的なネット通販サイトは、コロナ禍後に大きく売上を伸ばしているのです。特にｅＢａｙは、中古の趣味製品を高値で売り買いしやすいショッピング・サイトです。世界各国からお客さんが集まり、日本人が出品する中古品がたくさん買われているのです。

ネット通販は、店舗を持たずに販売ができるため、大きな資本がない個人でも容易に始められます。さらに、日本の中古品への強い需要や、店舗投資が不要であるというメリットに加え、仕入れ面においても、中古品輸出にはメリットが2つあります。

1つ目は、1個単位で仕入れができるという点です。仕入れ面での資金負担が軽いため、副業でeBay輸出を始める日本人も増えつつあるのです。時間的にも、ネットを使って隙間時間で取り組めます。

2つ目のメリットは、趣味が活かせるという点です。中古品の多くは趣味性の高い品物です。趣味で集めた家財やコレクションが売り物になるのです。「好きこそものの上手なれ」といいますが、**趣味で好きなことであれば、長く続けることができ、売り手の情熱も伝わります**。品物を通じて、趣味を同じくする外国人と心の交流ができ、趣味と実益を兼ねることができるのです。

新型コロナの蔓延で、人々の心に不安が広がる時代だからこそ、**人と人とのつながりからくる心の充足と、経済面の安心を両立したライフスタイル**が、求められているのではないでしょうか。

本書は、２００８年からｅＢａｙでの個人輸出を実践している著者の経験、ノウハウを余すところなく提供するものです。第1章では、世界最大のオークションサイトｅＢａｙを紹介するとともに、コロナ禍における同サイトの実践環境をお伝えします。第2章の前半では、**ｅＢａｙで人気の品物を詳しく紹介します。後半では、個人輸出の実践によって充実したライフスタイルをつかみ取った3人の体験談**を記しています。

第3章では、**アマゾンやメルカリ、ヤフオクとの比較**を行います。ネット通販の経験者には、これまで体験したマーケットとの違いを通じて、ｅＢａｙをより深く理解して頂けます。

第4章から第6章では、ｅＢａｙ個人輸出の実務面を伝えます。第4章は個人貿易の成否を分ける仕入れについてのノウハウです。**モノを格安に買うノウハウ**ですから、ここを読むだけでも、本書の代金は十分に回収できるはずです。第5章では、売れる商品ページを作るコツを紹介しつつ、物流知識、顧客フォローを含む輸出実務の全般をカバーしています。

最後の第6章は、ｅＢａｙ輸出の初心者が陥りやすい落とし穴について、傾向と対策をお伝えして、転ばぬ先の杖とする内容になっています。特に、売れないときや、忙しいときにどうしたらよいかなど、多くの人が直面する壁をどう乗り越えるかに焦点を当てています。

なお、eBayの利用にあたって必要となる決済サービスは、本書執筆時点ではペイパルに限られていますが、2021年以降に他の決済サービスが導入される見込みです。このようなeBayに関する重要なアップデート情報は、私がお送りするメルマガや、その登録特典として用意した動画サイトで提供する予定です。

厳しい環境の中にあっても、本書を通じて、皆さんの心と家計を豊かにする一助となれれば、著者として大変うれしく思います。本書執筆にあたっては、編集者の中澤直樹様には、経験に裏打ちされた貴重なアドバイスとご支援を頂きました。また、教育コンテンツのプロデュース業をされている犬塚壮志先生には著者の道への誘いと、励ましのお言葉を頂き、新たな一歩を踏み出す契機となりました。この場をお借りして、心から感謝申し上げます。

2021年2月

クールジャパン個人貿易学院学院長　志村康善

ネット個人輸出の成功マニュアル　目次

第2章 世界から求められる日本の品々

第3章 アマゾンvsメルカリvsヤフオクvseBay

第4章 私の実践！ とっておきの商品仕入れ術

第5章 ネット個人輸出のリアル販売ノウハウ

第6章 失敗しないために！成功者だけが知っているマル秘・豆知識

第1章

魅力あふれる「ネット個人輸出」の世界

1

個人でできるｅＢａｙ輸出の可能性・将来性

フランスで気づいた大きな内外価格差

リーマン・ショックの翌年である2009年6月上旬の昼下がりでした。「志村さん、ちょっと来てくれる？」。上司に呼ばれたその一言によって個人貿易に出会い、私の人生の新しいステージが始まりました。

昼食から戻った私は午後の仕事を始めようと席に着いたのですが、「ちょっと、ここだとなんだから……」と離れた会議室に連れていかれました。「突然1対1の面談？　何か叱られるようなことでもしたかなぁ……」と不安な気持ちで上司の背中を見つめ、後をついて行きました。

会議室で切り出された話題は、なんと海外赴任の打診でした。フランスのリヨンに研究所となる現地子会社を設立するから、経理・人事・総務を統括して、営業担当となる現地法人社長予定のOさんをサポートしてほしい、とのこと。まずは現地展開を支援してくれる商工会議所や銀行、そして会計事務所の担当者、共同研究するリヨン国立大学の関係者への挨拶などで、3週間ほど出張することになったのです。

フランスに出張してまず驚いたのが、ランチ代の高さでした。日本の感覚では、当時流行った100円バーガーとか、牛丼300円、松屋の定食500円位、ファミレスでも1000円前後でランチが食べられます。しかし、フランスの地方都市であるリヨンでランチを食べようとしたところ、サンドイッチを売る駅のキヨスクを除いて、座って食べられる店は、どこに行っても1700円位（当時の為替レート）が最低価格だったのです。

また、なぜか外国に行くと日本食が食べたくなるのは面白い現象ですが、夕食に回転寿司を食べたときは、かっぱ巻きですら1皿800円位でした。さすがに美食の国だなぁと、あきれ半分に感心したのをよく覚えています。

週末たまたま町の中心部にある広場に面したカメラ店のショーウィンドウをのぞくと、欲しかったNikonの中古レンズが置いてあったのですが、そこでも日本で買うよりはるかに高いレンズに、驚きました。日本なら5万円位ですが、現地の価格は11万円位（当時レート）だったのです。

ここにきて、美食の国だから高いのではない、ということに気づきました。外食代に限らず、他の商品カテゴリーにおいても、広く内外価格差があるのだと、そこで気づいたわけです。当時インターネットにおける個人間売買は成長期に入っていましたし、私自身も買い手としてよく使っていましたので、ネットを使えれば個人でもできると思いました。

もともと海外に絡む仕事への関心をもっていたため、２００８年ころから海外オークションサイトｅＢａｙのアカウントを取得していました。帰国後に中古レンズをｅＢａｙに出品したところ、米国やイギリス、スペインなど、世界中から入札が入り、見事高値で売れたのです。当時は安く仕入れるノウハウもない中で、購入価格が高かったため、販売手数料を控除すると、利益は出ませんでしたが、概ね収支トントンで売り抜けられたのです。

さんざん使い込んでも購入時と同じくらいの価格で売れるなら、実質的にコストをかけずに趣味に取り組めるわけです。こうした経緯で、個人でできる海外輸出に一気にのめり込んで行くことになったのです。

趣味と実益を兼ねるライフスタイル

当時は、ちょうどカメラに凝り始めていた時期でしたが、**悩みの種は趣味にお金がかかることでした**。毎月の給料から捻出するお小遣いが、カメラの原資になります。ところが、カメラの価格は、私が最初に買ったコンパクト・デジカメでも6万円近くしましたし、一眼レフなら、ボディとレンズを合わせて10万円くらいになることは、珍しくありません。

撮影に凝りだすと、レンズをあれこれ取り換えたくなり、あっという間に20万円、30万円の予算が飛んでいきます。さらには、モデルチェンジも毎年のようにあり、カメラ・ボディも買い替えたくなります。こうしたお金のかかる趣味にはまってしまったことに戸惑いながらも、カメラが生み出す美しい映像の世界に引き込まれていきました。リーマン・ショックの翌年という厳しい景気の中で、趣味から得られる充足感と、趣味にかかるコストという現実の間で、悶々とする日々を送っていたのです。

そんなとき、フランス出張を契機に、気づいたのがｅＢａｙのポテンシャルでした。ｅＢａｙを使えば、内外価格差を使って、買った値段以上の価格で売ることもできる！　これで出費を気にせずに趣味の世界を広められる！　こうしてｅＢａｙを使った個人輸出と、趣味のカメラを両輪に据えた生活が始まったのです。

その後、ｅＢａｙへの取り組みは順調に拡大し、単なる趣味の費用を賄うレベルを超えて、5年前に独立しました。趣味のカメラを満喫しながら、現在はｅＢａｙ輸出で生計を立て、さらに趣味製品の海外輸出に関心ある社会人向けスクールの運営もしています。

私の場合は、たまたまカメラが商材になりました。しかし、ｅＢａｙで売れるものは、カメラに限定されません。とくに、趣味性の高い中古品やヴィンテージ品が、日本より高く売れるのがｅＢａｙの特徴です。ＴＶゲームやアニメ・グッズ、芸能人グッズ、釣り道具や、楽器、オーディオ製品、腕時計、骨董、スニーカーやファッション系アイテム、自動車用品やバイク用品など、生活に潤いを与える趣味製品が高値で取引されています。第2章で具体的な事例を紹介しました。

また近年、世界的な日本ブームによって、日本製品へのニーズや、日本人から購入したいという外国人が増えています。新型コロナ以前に、訪日外国人が3000万人を突破したのも、世界的な日本ブームが背景にあります。日本製品が欲しくて、わざわざ日本までくる人たちがたくさんいたのです。新型コロナで海外旅行が難しい時代だからこそ、今は世界中から日本人による個人輸出が求められているわけです。こうしたチャンスの時代の中を私たちは生きています。

2020年以降、新型コロナの蔓延で先行き不透明な時代が始まりました。しかし、**こうした時代だからこそ、心を潤す趣味を大事にしたい。そして、同時に経済的にも妥協しない、そんな趣味と実益を兼ねるライフスタイルを提案し、そこに至るノウハウを紹介するのが本書の目的です。**

欧米の常識！　ネット・ショッピングといえばeBayかアマゾン

趣味の品物を輸出する個人貿易によって人生が転換したとお伝えしましたが、それはe

Bayによるところが大きいです。ここでは、そのeBayについて、もう少し詳しくご案内したいと思います。

多くの日本人にとってeBayはやや耳慣れない存在かもしれません。アマゾンや楽天は聞いたことはあるけど、「イーベイ？　何それ？」という感じではないでしょうか。実をいうと私自身も最初にeBayを知ったときの印象は、「イーベイ？　変な名前……」という感じでした。まさかその後に、自分の人生を大きく切り拓く舞台になるほど、大きな力を持つ存在だとは思ってもいませんでした。

eBayが日本人にとってあまり馴染みがないのは、日本語の販売サイトがないからだと思いますが、しかし海外では、特に欧米圏では、アマゾンとeBayが、ネットショッピングのマーケットを二分するほどで、eBayはショッピングサイトとして世界的に大きな存在となっているのです。

eBayが欧米圏で主要なネットショッピングサイトとしての確たる地位を築いていることを示す面白い現象があります。それは、数々の映画作品として取り上げられるというもので、ここでは2つほど紹介したいと思います（幾分ネタバレになりますが、嫌な方はぜひ先にご視聴ください）。

最初に紹介したい映画は、『シュガー・ラッシュ：オンライン』です。製作元が歴史あるディズニー社ですし、ビデオレンタル店でも、たくさん陳列されていますので、既にご覧になった方もいるのではないでしょうか。

シュガー・ラッシュ：オンラインでは、ゲームセンターの古き良きアーケードゲームの中に住むキャラクターたちが登場人物という面白い設定です。

ある日、主人公が生活の場とする自動車レース・ゲーム「シュガー・ラッシュ」のハンドルを人間が壊してしまいます。ゲームマシンのメーカーは既に廃業して生産終了しているため、修理ができません。困ったオーナーがゲームマシンを廃棄すれば、登場人物たちの住処がなくなってしまうので、主人公たちにとっては一大事。そんな中、ｅＢａｙに修理用パーツとしてハンドルが1個だけ売りに出ていることを発見し、ゲームの主人公とその親友がｅＢａｙの中に入りこんで、困難を乗り越えながらハンドルを買い求めに行く友情ストーリーです。

この映画作品は、ｅＢａｙの買い手としてオークションに参加することを疑似的に体験できるところが魅力です。品物が欲しいあまり、ついつい高値で落札してしまう購買心理や、落札後の支払いなどの手続きに不慣れな買い手の戸惑いが、コミカルに描かれています。買い手の立場で、**ｅＢａｙがどんなマーケットなのかを感じ取るには、ちょうどよい映画**です。

eBayで人生を切り開いた女性を描く『Girlboss』

もう一つの作品は、ネットフリックス・オリジナル作品です。ネットフリックスはスマホの映画閲覧サービスとして使っている人も多いのではないかと思いますが、そのオリジナルドラマの中に、実はeBayを舞台にした作品があるのです。

タイトルは『Girl boss』(ガールボス)。破天荒な性格で、自分探しの漂流生活をしていた23歳の女性ソフィアが、趣味として大好きだったヴィンテージ・ジャケットを古着屋で発見します。もともと格安の12ドルだった売値を、店主と価格交渉の末、9ドルで買うことができました。しかし、滞納した家賃を払うために、そのヴィンテージ・ジャケットをやむなくeBayに出品したところ、なんとオークションで600ドル以上の高値が付きます。

これをきっかけに、ソフィアは自分がやりたかったこと、情熱を持てること、得意なこと、人に負けないことなど、周囲とぶつかり合いながら、また、協力者たちとの関係を模索しながら、自分自身を発見していきます。こうして大人として、社会人として、たくましく成長していくサクセス・ストーリーで、実話に基づく作品です。

「9ドルで仕入れて、600ドル以上で売る？　そんなことは映画の中の話だ」と思う人

もいるかもしれません。しかし、このドラマは事実に基づいたストーリーです。そして、そういうことが実際に起きうるのがeBayというマーケットの魅力なのです。私自身もそんなeBayマジックによって人生が一変したひとりです。

なぜそんなことが起きうるのか？　本書で詳しくお伝えしていますので、どうか最後までお付き合いください。

以上、映画やドラマなど、趣味に絡めてeBayを楽しく知っていただくために、2つほど作品を紹介しましたが、大事なことはここからです。

2つの映画に共通するのは、**欧米人である登場人物たちにとって、eBayが非常に日常的な存在だということです。すごく欲しいものがあって、「買い物するならeBay」という欧米人の日常がさらりと描かれている**ところが、注目したいポイントです。

日本人にとっては、聞きなれないeBayというショッピングサイトですが、日本よりも人口がはるかに多い海外の人々にとって、eBayが日常生活の一部になっているという点が、個人貿易成功の1つの拠り所なのです。

『シュガー・ラッシュ：オンライン』や、『Girl boss』に描かれているように、ヴィンテージ商品や、生産終了によって新品が手に入らない商品を求める世界中の人々が、

ｅＢａｙで商品を探すというライフスタイルが、世界的に広がっていることで、販売者とお客さんとの出会う場が出来上がっているからです。

１９０か国への世界展開と顧客分布

欧米では生活の一部になるほど浸透し、世界的にも認知度の高いｅＢａｙですが、実際にはどんなマーケットなのでしょうか？　もう少し掘り下げて、さまざまな観点から紹介したいと思います。

ｅＢａｙはアメリカの会社ですが、ebay.comに出品すると世界中のお客さんからアクセスがあり、実際に売れていきます。日本のアマゾンやヤフオクに出品しても、お客さんのほとんどが日本人であることと比較すると、ｅＢａｙの顧客層の広さや、世界に浸透していることが、実体験として感じられます。ｅＢａｙの公式発表によると、本書執筆時点で**世界１９０か国にお客さんがいます**。

次に、顧客分布ですが、北米53％、ヨーロッパ18％、アジア17％で、この3つの地域で全体の概ね90％をカバーできます。もちろん、この3地域から外れる国々からも注文があり、私自身も南アフリカ、コロンビアやチリ、ブラジル、アルゼンチン、ベネズエラなど、アフリカや南米の国の方と取引の経験があります。中には、セイシェル諸島（マダガスカル島沖）など、初めて聞く名前の国もあり、世界の広さが、しみじみと感じられます。

また、そこで取引するお客さんも、われわれ日本人と同じように、損得勘定や品質へのこだわりなどをお持ちであることが顧客対応の中で感じられ、「広い世界でも人間の根本的なところは、皆同じなんだなぁ」と新鮮でもあります。日々のｅＢａｙ輸出の実践の中で、こうしたことが体験できるのも、単なる商売にとどまらない個人輸出の面白さです。

同じ趣味で外国人とつながる面白さ

お客さんとのつながり、関係について触れましたが、ｅＢａｙをやっていると、お客さんとの取引の中で思い出深い出来事にしばしば巡り合います。**特に自分の趣味分野の商品を扱っていると、趣味の話題で盛り上がり、文通のような会話に発展することもあります。**

ここでは、少しわき道にそれますが、ｅＢａｙへの理解を深めるという趣旨で、少しお付き合いいただければと思います。

私はカメラ関係の品物をメインに輸出していますが、あるときアメリカのアラスカにいるプロの女性カメラマンからレンズの注文が入りました。注文後にメッセージで依頼が入り、アラスカでは、宅配便の扱いがとても粗っぽい（ｒｏｕｇｈ）ので、梱包は丁寧にしてほしい、ということでした。２５００ドルを超える高価なレンズでしたので、ごもっともな話だと思います。

その後、品物を検品されましたが、あまり満足いただけなかったようでした。「ミノルタ製の評判の良い望遠レンズだったので買ってみた」ということなのですが、撮影できる写真のシャープネスが少し物足りない、ということでした。

品質の問題ではなく、仕様書に表現しきれない性能の問題でしたので、商売としては残念とは思いつつも、自分の仕事（検品）の不備ではなかったことに胸を撫でおろして、返品を受け付けることにしました。

私のほうで記憶に残ったのは、その後のやり取りでした。その後の返品にあたっての事務的なやり取りも、非常に丁寧な言葉づかいで、販売者を思いやる真心が行間から感じられました。アラスカの大自然の壮大さを語りながら、最後にはご自身が撮影したキツツキや熊などの野生動物の大きな写真をプレゼントとしていただきました。

鳥の羽やクマの体毛など、ディーテイルにわたって微細かつ鮮明に表現された写真で、色鮮やかさもハッと胸を突くほどの写真でした。一目見たその強烈なインパクトが感情の記憶として残るとともに、真心のこもったお客さんのマナーも、心の宝物として思い出になっています。

この場合はたまたまプロ・カメラマンでしたので趣味といってよいか微妙ですが、趣味・

好みを同じくする外国人と心の交流ができるというメリットも、ｅＢａｙ輸出の面白いところです。日本国内のネットショッピングでこういう体験を得る機会は、なかなか少ないのではないでしょうか。

返品という言葉を聞いて不安になる読者もいらっしゃるかもしれませんが、きちんとした商品を出品し、不具合があれば十分に説明するなどして丁寧に販売すれば、私の経験的には、返品が多いと思われる中古品カテゴリーでも、ｅＢａｙの返品率は２％～５％位です。残り98％～95％では正常な取引で十分に利益がのこりますので、返品を十二分にリカバリーしてお釣りが来ます。どうかご安心ください。

少し脱線しましたが、話を戻して、次に市場規模です。**ｅＢａｙを通じて販売される品物の流通総額、つまり売上総額が10・3兆円です。**大きすぎてイメージがしにくいですが、例えば、日本の流通業大手企業の売上高上位３社が以下の規模ですから、ｅＢａｙはそれを凌駕する規模となっています。

- **１位イオン** ８・６兆円
- **２位セブン＆アイ** ６・６兆円
- **３位ファーストリテイリング** ２・３兆円

（出典：https://www.nikkei.com/markets/ranking/page/?bd=uriage&ba=0&Gcode=45&hm=1）

これだけ大きなマーケットですので、個人出品者には、まだまだ十分に入り込む余地があります。

創業・沿革から見えるｅＢａｙの特徴

ｅＢａｙの創業は１９９５年です。本書執筆時点で既に25年以上の業歴があります。アマゾンがネット書店としてのサービスを開始したのが同じ１９９５年ですから、ネットショップとしても既に老舗の域に入っています。

ｅＢａｙは創業者のピエール・オミダイアが個人的趣味として始めたウェブサイトが前身です。最初に販売された品物は、壊れたレーザーポインターだったようなのですが、壊れたものを買ったことを不審に思ったオミダイアが買い手に質問したところ、「私は壊れたレーザーポインターをコレクションしている」という返事だったという逸話も残っています。

このエピソードの中にｅＢａｙで販売することの特徴が見え隠れしています。

・広い世界には、売り手が想像もつかないような趣味を持っている人がいること

・趣味人はコレクションする傾向があること
・そのコレクションをどんなところからでも探し出そうしている情熱を持っていること
・コレクションとして中古品へのニーズも多いこと
・実用目的だけでなく、たとえ壊れていてもコレクション目的、または修理用の部品採取のためにお金を払う意欲がある人たちが大勢いること
・こうした趣味人たちが、ｅＢａｙの創業当初から現在に至るまでｅＢａｙを支え、魅力あるマーケットにしていること

これらの点は、ｅＢａｙの顧客層を理解するために知っておいて有益な知識です。

上記のエピソードでは、壊れたレーザーポインターの「コレクター」が出てきましたが、**世界には、思い出の品など、大事にしているものを長く使うことに喜びを感じている人も大勢います。長く使うほど、メーカーがなくなったり、修理用部品の生産が終わっていたりして、不便を感じる人がたくさんいるのです。たとえ壊れているものであっても、中古品には、さまざまな用途としての生き筋があり、需要がある**ということ、それを知っておくことは、ｅＢａｙ輸出を実践するうえで、不可欠のポイントです。

もちろん、コレクター向け商品や中古品以外の商品、例えばドラッグストアなどで売ら

れるような新品の日用品やお菓子類（ご当地ポッキー等、日本のお菓子は世界的に人気です）なども、ｅＢａｙでは活況に販売されています。この点では、アマゾンと共通するショッピングサイトとしての側面がありますが、中古品を選択肢に入れておくことは、資金や時間が限られる個人出品者には重要なポイントとなります。

なお、Ｓｋｙｐｅやペイパルをご存知の方も多いと思いますが、これら日本人にも著名なサービス・企業も、かつてはｅＢａｙの子会社であった時代があります。沿革という文脈から、ｅＢａｙに馴染んでいただく趣旨でお伝えしていますが、著名な企業・サービスの親会社としてｅＢａｙが君臨していたのです。この点からもｅＢａｙをグッと身近に感じていただけるのではないでしょうか。

ライバルとなる日本人出品者がまだまだ少ない

ｅＢａｙには、趣味のコレクターたちを始め、世界中からたくさんのお客さん、潜在顧客が集まっていますが、その中に日本人出品者は実はまだまだ少ないのが現実です。この現実は次の市場調査によって確認できます。

日本人出品者の大まかな動向をつかむために、ｅＢａｙが出品者向けに提供しているリサーチ・ツール「テラピーク」を使います。

調査方法としては、テラピークを使い、過去1年間で、タイトルにＪａｐａｎというキーワードを含む商品を検索します。タイトルにＪａｐａｎが含まれるということは、何らかの意味で日本とつながりのある商品だったり、日本で手に入る可能性が高い商品です。

そのうえで、検索結果を日本人が出品した商品に絞り込み、数字の変化を確認します。日本人出品者に絞り込む前の数字は、全世界で売られている日本関連の商品の販売動向を示します。それに対して、日本人出品者に絞り込んだ後の数字は、日本人が世界に向けて販売している日本関連商品の販売動向です。

両者を比較すると下記の通りです。

・**販売個数**　１０７３万個（うち、日本人２９６万個）
・**販売金額**　６億２６５８万ドル（1ドル１０５円換算で約６５８億円。内、日本人２１７億円）
・**販売者数**　58万９０００人（内、日本人１万５０００人）

わかりやすいように割合で表記すると、日本関係の商品リサーチ結果に占める日本人出品者の割合は下記の通りです。

・販売個数で27・５％、

・販売金額で32・9％
・販売者数で2・5％、

日本人販売者数がわずか2・5％しかいません。それに対して、販売個数や販売金額では30％前後を占めています。

ここから考察できることは以下3点です。

①日本人の販売者数が極めて少ない（2・5％）
②わずか2・5％の日本人出品者で、30％前後のマーケット・シェアを握っている
③つまり、新規参入にも、大きなビジネスチャンスがある

これは、当たり前のことではありますが、**日本関連の商品なら、外国人よりも、日本人に有利**だ、ということでもあります。このような数字を見ることで、またまだeBayには新規参入する余地があることが感じ取れるのではないでしょうか？

日本人だから優位に立てる国際的評価

なお、テラピークを使った市場調査に関して、2点ほど補足説明になりますが、上記リサーチに、Ｊａｐａｎというキーワードを使った理由は、多くの日本人出品者が、出品する商品タイトルにＪａｐａｎというキーワードを使う慣行が、ｅＢａｙ日本人出品者の間に広まっているからです。

というのも、**ｅＢａｙにおける日本人への評価は非常に高く、海外の買い手にとって、「自国の出品者より日本人出品者のほうが、高い評価を得ている」**というアンケート結果があります（ｅＢａｙジャパン主催のセミナーにおけるスタッフ談）。

このようなマーケットの特徴を踏まえて、信頼のおける日本人出品者であることをＰＲする意味で、多くの日本人がタイトルに「Ｊａｐａｎ」とか、「from Japan」というキーワードを盛り込みながら、販売促進する慣行があります。そのため上記リサーチにおいてもＪａｐａｎというキーワードで調べているのです。

２つ目の補足ですが、日本関係の品物を販売した日本人出品者が過去１年で約１・５万人というリサーチ結果（２０２０年11月時点）でした。これに対して、日本のアマゾンの店舗数（出品者数）は、日経新聞によると2015年時点で既に18万人弱です。つまり、その時点でeBay日本人出品者の15倍に相当します。

公式発表がないので、やや古い情報になりますが、右記日経新聞の掲載時期から、本書執筆時点までに既に5年以上経過していますので、アマゾン出品者はさらに多くなっていることが推測でき、15倍どころの差ではありません。

多くの日本人出品者がアマゾンで販売することに夢中で、eBayのチャンスに気づいていないということが感じられます。このチャンスは見逃したくありませんね。

2 世界を舞台に副業するネット輸出の4大メリット

増え続ける世界人口へのアクセス

前節では、eBayをより深く知るために、その特徴、魅力、などを解説してきましたが、ここでは、そもそも海外に輸出すること自体の魅力、可能性について掘り下げて伝えていきたいと思います。

まず、eBayにせよ、他の販路にせよ、海外輸出するということは、日本を含む広い世界にマーケットを求めていくことになりますが、このこと自体が日本国内のマーケットだけを対象にするよりも、大きなメリットになります。

それは①**お客さんの数（人口）が、海外のほうが圧倒的に多いからという理由と、②海外マーケットのほうが、日本国内に比較して（特に先進国では）購買力が高いという理由、2つの面からいえることです。**

国連人口基金によると2020年時点の世界人口は77億9500万人で、昨年に比べ

８０００万人増加しています。なんと既に80億人に迫る勢いで増加しているのです。

それに対して、日本の人口は1億２６５０万人で世界第11位（２０１９年は1億２６９０万人で同じく世界第11位）。２０１９年に比べ40万人減少し、２０１５年以降毎年平均で０・２％ずつ減少しています。この人口の差、さらには人口の「増減」の差が、マーケット規模の差につながります。

次に英語人口ですが、文部科学省によると英語を公用語・準公用語とする国は54か国に上り、その人口は21億人以上です。日本語を使う人口は、日本の人口に近いでしょうから１・２億人です。これだけの人口がｅＢａｙを通じて輸出販売が見込める潜在マーケットになるのですから、海外に打って出たいところですね。

また、近年の自動翻訳技術の発展は目覚ましく、ウェブサイトを母国語に翻訳して使うことは十分に可能です。実際に私自身がｅＢａｙで販売していても、フランス語や、ロシア語、ポルトガル語など、英語以外のメッセージもしばしば届きます。これは、英語圏以外からのお客さんも多いことを示唆しています。

こういう場合でも、Ｇｏｏｇｌｅ翻訳など、**自動翻訳サービスを使うことで、十分にコミュニケーションが可能**です。言語面でもアクセスできるマーケットの大きさが感じ取れるのではないでしょうか。

そして、ｅＢａｙ最大のマーケットであるアメリカの人口も、増加し続けています。米国商務省センサス局の発表によると、２０１９年時点での３・２億人以上で、４年連続の伸びを示しています。

また人口と関連して、ＧＤＰを比較しても、ｅＢａｙの最大マーケットであるアメリカが群を抜いて大きなマーケットとなっており、長らく横ばいの日本と比較してその差はどんどん開いていきます。この点からも、ｅＢａｙを通じて海外マーケットにアクセスできる魅力が感じられます。

内外価格差というビジネスチャンス

先にお伝えしましたが、私自身がｅＢａｙを本格的に取り組み始めたきっかけが、内外価格差でした。内外価格差があるというのは、日本はモノが安い国で、海外では同じものが高く売られている、ということです。以前仕事でフランスに出張した際に、ほしかったカメラのレンズが、日本よりはるかに高いことに驚きを覚えたことが、ｅＢａｙを本格的に始めるきっかけになったのです。

日本ではここ10年以上にわたり「デフレ」という言葉がよく聞かれるようになりましたが、これは物価が下がる経済状態のことを指す言葉です。

他方で**日本の経済成長が停滞している間も、海外ではどんどん経済成長し、日本と比較して物価が高くなっている国があるわけです。相対的に日本の物価水準が下がっていったわけです。**

また、コロナ以前は、日本もインバウンド景気で一部の業界が潤っていたわけですが、これは裏を返せば「日本が安いから」ということでもあります。

日本政府観光局によると、コロナ発生以前である2019年の年間訪日外国人の数は3188万人でした。これは、2011年の訪日外国人数620万人と比較すると、実に5倍以上の伸びです。こんなにも訪日外国人が増えたのは、さまざまな要因がありますが、**デフレによって日本では、いいものが安く買えるということが、海外でも知れ渡っている**ということが背景にあります。

日経新聞電子版によると、「世界6都市で展開するディズニーランドの入場券は日本が最安値で米カリフォルニア州の約半額。100円均一ショップ『ダイソー』のバンコクでの店頭価格は円換算で200円を超す。割安感は訪日客を増やした」と掲載されています。
（出典：日経新聞2019年12月10日「価格が映す日本の停滞」）

また、経済小説『マネーロンダリング』（幻冬舎）などのヒット作で有名な作家の橘玲氏が、Webメディア「FinTech Journal」（SBクリエイティブ社）上で、次のエピソードを紹介されています。

「1980年代は『日本は物価が高すぎて外国人はビジネス以外には来られない』が常識で、私もずっとそう思っていたのですが、90年代末でしょうか、たまたま知り合った香港の大手金融機関の女性マネージャーから『趣味は日本旅行』といわれました。日本で何するのかと訊いたら、京都の高級旅館に泊まって、渋谷や青山でブランドもののバッグを買うというのです。

『ブランドショップなんて香港にいくらでもあるでしょ』というと、『だって日本は安いから』との答えが返ってきて、腰が抜けるほど驚きました。2000年前後にはもう『安いニッポン』の兆候が表れていたんですね」

私自身も日本で仕入れて、海外で販売しているわけですが、お客さんからは、「いい品物がリーズナブルな価格で買えてよかった」とお褒めの言葉をいただくことがたまにあります。

私が主に扱っている商品はカメラ関係ですが、日本の価格に1万円以上の利益を乗せて販売しても、それでも「リーズナブル」だと外国人のお客さんから言ってもらえるわけです。仕入れノウハウや、商品によるところもあるにせよ、一般的に内外価格差がある、ということでもあります。

こうした日本のデフレ・物価下落の傾向は、企業の売上減少を通じて、日本人の賃金水準の低下と表裏一体ですから、一面では残念なことでもあります。しかし**感情的になっていても仕方ありません。むしろ、個人レベルでは、デフレを逆手にとって、日本よりも高く売れる海外に売って行く、というポジティブな気持ちで取り組める道もあるわけです。**

大きなマーケットにアクセスできるという輸出のメリットに加えて、内外価格差という点でも個人で海外輸出することの2つ目のメリットが見出せます。

世界が寄せる日本人への信頼

前述した「データでわかるeBay日本人出品者が少ないという現実」という項で、外国人バイヤーにとって、自国出品者よりも日本人への信頼感が上回る、というアンケート結果について触れましたが、私の経験としても「あなたが日本人だから買った」というメッセージをお客さんからいただいたことがあります。しかも1度ではなく、何度もある経験です。

これは、日本人がeBayで輸出販売する際に、他の外国人出品者と競争するための強力な武器になります。日本人であるということ自体が、強みになるのですから、これを活用しない手はありません。

他方で、日本国内での販売では、周りにいる競合出品者は日本人だらけですから、日本人であるということが強みとして生かせません。これに対比すると、輸出のメリットが良くわかります。

ｅＢａｙ輸出は、国境を跨いだ通信販売（越境ＥＣ）です。お客さんにとっては見ず知らずの外国人から、実物を見ないで品物を買うことになりますから、リスキーな取引です。商品写真が実物かどうか、商品名や、商品説明、状態説明に誤りや不足がないか、メッセージや発送などの取引が迅速かどうか、こうした心配事はあっても、お客さんは出品者の出品ページを信頼するしかありません。

こうしたお客さんの不安を解消するという点で、出品者としての信頼性が非常に重要になるわけです。つまり**ｅＢａｙのお客さんが購買にあたって、信頼できる出品者から買いたいというニーズが高いことが、日本人にとって有利に働いているわけです。**

日本人が外国人のお客さんから信頼されている理由としては、日本人の誠実さに対する一般的な信頼もありますが、それだけではありません。

国連平和大使で、2004年にノーベル平和賞を受賞したワンガリ・マータイさんが、京都議定書関連行事出席のため来日した際に語った日本文化「モッタイナイ」に対する敬意は、日本でも話題になり、現在もMOTTAINAIキャンペーンとして日本内外に影響を与えていますが、日本人はモノを大切にする文化を持っていることには注目したいところです。

モノを大事にする日本文化が海外のお客さんたちからの信頼にもつながっているわけです。特にeBayは中古品を探しているお客さんが多いマーケットですから、新品にはない傷みや不具合は、お客さんにとって一層気になるところです。

この点日本人は、一般的にモノを大事にしますし、それを知っている外国人も多いので、そこに、日本人の信頼性という競争優位性が生まれるのです。

ときには、商品購入時の元箱を保管しているケースもあり、これが中古商品の保管状態の良さを引き立てる強力な証拠、セールスポイントになりますし、保管状態の良い品は当然高く売れます。

日本に居住していること、日本人であることで、こうした状態の良い商品を仕入れるチャンスに恵まれ、さらには日本人への海外からの信頼を活用できるというメリットがeBay輸出にはあるのです。

消費税還付と国策クールジャパン戦略

輸出をすることのメリットとして、非常にわかりやすいのが、消費税還付制度です。

国税庁のウェブサイトには、「輸出取引の免税」というタイトルのページがあり、冒頭に次のように書かれています。

「事業者が国内で商品などを販売する場合には、原則として消費税がかかります。

しかし、販売が輸出取引に当たる場合には、消費税が免除されます。これは、内国消費税である消費税は外国で消費されるものには課税しないという考えに基づくものです」(出典：https://www.nta.go.jp/taxes/shiraberu/taxanswer/shohi/6551.html)。

この輸出取引の免税という制度によって、仕入時にかかった消費税が、一定の条件や手続きの下で還付される仕組みになっています(法人に限定されません)。

例えば、税込11000円で仕入れたスニーカーを、海外販売した場合には、11000円に含まれる消費税1000円が税務署から還付されます。仮に20000円で販売できたとすると、純利益は10000円になります(eBayの手数料や送料は説明の便宜上考慮していません)。

売値　　＋20000円

仕入値　△11000円
差引　+9000円
消費税還付　+1000円
純利益　10000円

内外価格差から得られる利益に上乗せして、消費税還付まで利益として見込めるのは、日本国内での販売と大きな違いです。輸出には、こんなメリットもあるのですね。

なお、消費税還付を得るためには、一定の条件や手続き（届出や申告）が必要になりますので、税理士に相談しながら、取り組みいただくことをお勧めします。

次にクールジャパン戦略ですが、これは日本政府が国策として取り組んでいる経済振興策で、対外的に日本の魅力を情報発信して、日本のブランド、商品、サービスを海外展開することにつなげようとする官民跨いだ取り組みです。

2010年に経済産業省にクールジャパン室が設置され、次いで2013年にクールジャパン機構が設立されるなど、その活動は既に10年以上の蓄積があります。2019年にはクールジャパン戦略担当大臣として竹本直一氏が就任するなど、国を挙げての取り組みです。

株や相場の世界の言葉ですが、「国策に売りなし」という格言があります。国策・政策の及ぶ業界の株は値上がりするから、今のうちに買っておくことを推奨する趣旨の言葉です。クールジャパン戦略のような政策が、海外における日本製品の知名度、日本への関心を高め、eBayを始め、輸出に取り組むことへの追い風になることは想像に難くありません。

以上、eBayの紹介と、輸出することのメリットを伝えましたが、次節では、懸念事項について、触れていきたいと思います。

3 コロナ禍でも大丈夫！ eBay輸出の安心材料

前年比28％UPの消費者間流通総額

２０２０年は新型コロナの世界的蔓延によって、日本だけでなく世界中が一変した1年となりました。緊急事態宣言やロックダウンなどで、厳しい局面に置かれた企業や商店もたくさんあったかと推察します。

この点で、ｅＢａｙの売上も減って厳しくなっているのではないかと心配している人もいるかと思いますが、大丈夫です。ご安心ください。

次の表は、ｅＢａｙが投資家向けに公表する決算報告に含まれる資料を転載したものです（ｅＢａｙ公式ＩＲ【投資家向け広報】サイトより）。

この表は、ＧＭＶ（Gross Merchandise Value：流通総額）つまり、ｅＢａｙを通じて取引された販売総額を示していて、それを時系列に並べたグラフです。1本のグラフが四半期

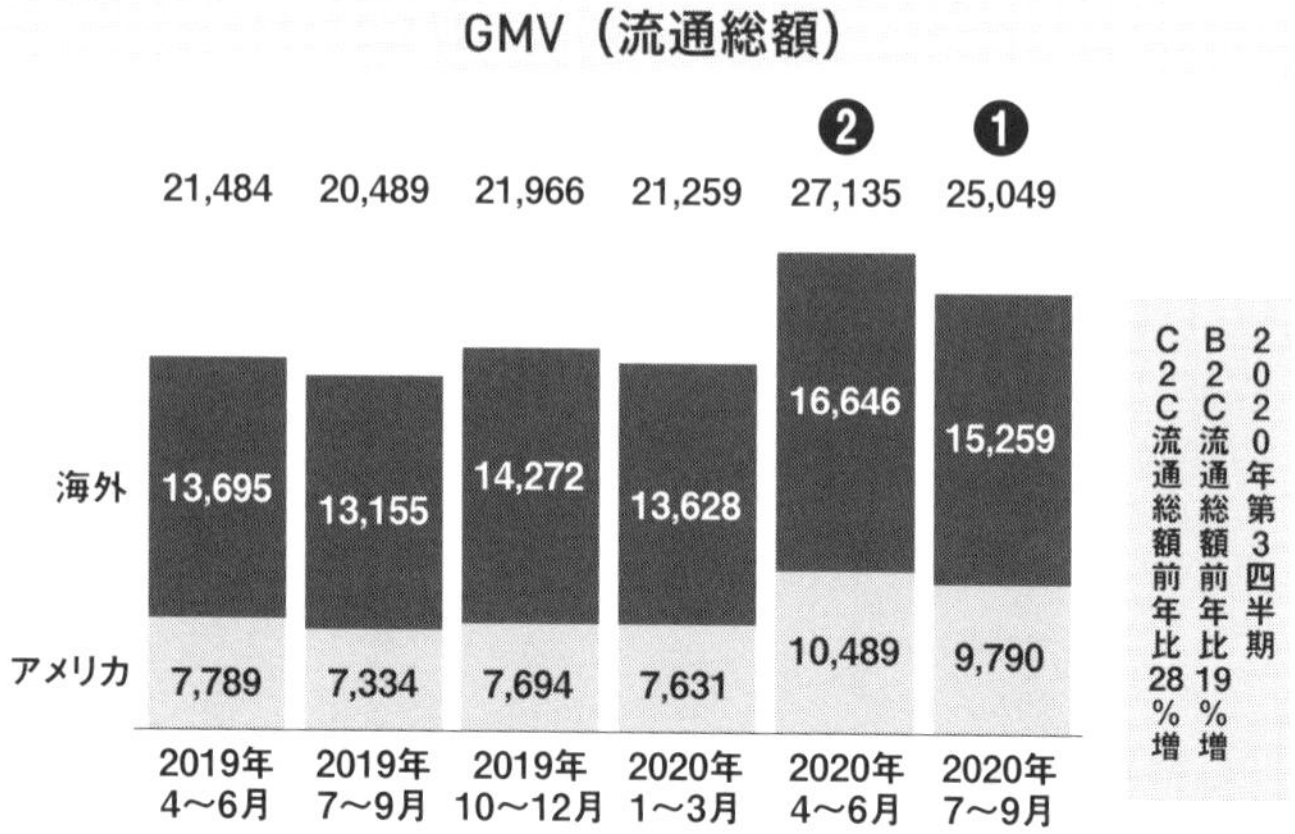

出所：eBay公式IR【投資家向け広報】サイトより

（３か月間）の販売総額の大きさを示しています。

注目して頂きたいのは、①と②の柱です。①の柱が２０２０年７月から９月、同様に②が２０２０年の４月から６月です。どちらも前年同期間と比較すると、コロナ蔓延が本格化した後で、売上が大きく伸びていることが、見て取れます。

特に注目したいのは②、つまり２０２０年の４月から６月です。この期間は、日本でも緊急事態宣言が発動され、営業自粛で世間が覆われました。海外でもロックダウンが敷かれ、日本と同様、いえ、それ以上に厳しい世相でした。海外を含め、社会全体としては、本来営業成績が落ち込むべきこの期間において、逆にｅＢａｙでは売上が大きく伸びていることが、重要なポイントです。

また、グラフの右側にC2C流通総額前年比28％増とありますが、これはConsumer to Consumer、つまり消費者間取引の販売総額が28％も伸びていることを意味しています。B2C（事業者から消費者へ）流通総額が前年比19％増という表記と比較しても、コロナ禍における個人間売買の伸びの大きさは注目に値します。

つまり、eBayはコロナ禍でも売上を伸ばす強力なパワーがあるマーケットだということです。

eBayが業績を伸ばし続ける5つの理由

このようなコロナ禍でeBayが業績を伸ばすことができた理由として考えられるのは、次の通りです。

①外出ができないことで、店舗よりもネット通販のニーズが増えたこと
②自宅で過ごす時間が増えたことで、スマホやパソコンに向かう時間が増えたこと
③海外でも補助金・給付金を一律支給する政策がとられたこと
④テレワーク等、ライフスタイルの変化が、新たな消費ニーズを生み出したこと（自宅用のPCやプリンター、ウェブカメラ、コロナ太りを解消するスポーツ用品など）
⑤右記①～④の結果、従来eBayを使っていなかった新規顧客がeBayを使い始め

ACTIVE BUYERS（有効会員数）

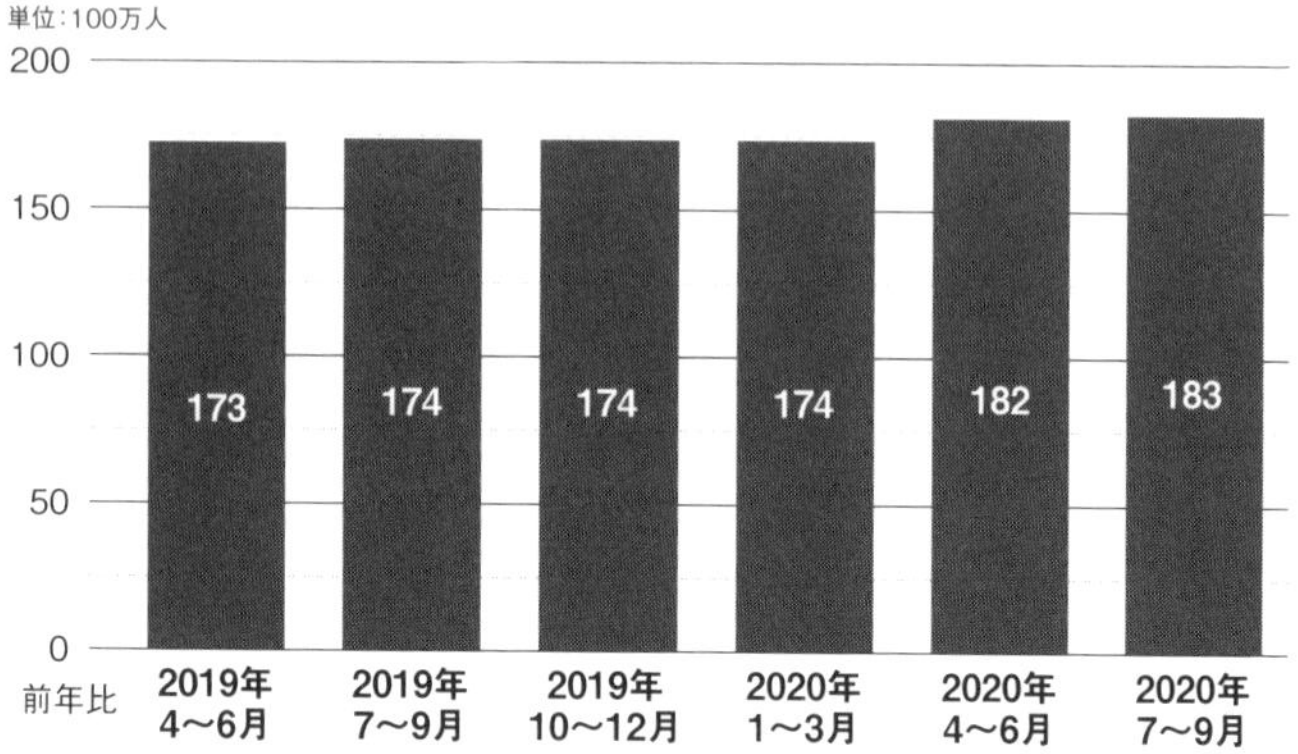

出所：eBay 公式 IR（投資家向け広報）サイトより

たこと

③は一時的な原因と考えられますが、①、②、④については、コロナの影響は当面続くことが想定されますので、コロナの影響をむしろ逆手にとって、eBayの好調な業績は当面続くものと予想されます。

そして⑤については、さらに永続的な売上向上につながる要因として、掘り下げて理解しておきたい要因です。

上の表は、ACTIVE BUYERS（有効会員）つまり、過去1年間以内に実際に購買を行った顧客の数の推移を示しています（単位は100万人）。単にIDを保有するだけで、何年も買い物をしていない幽霊会員は含まれていません。

グラフを見ると、コロナの影響が本格化した2020年4月~6月に前年同期比5%、約800万人増加して1億8200万人となっており、さらに2020年7月~9月も100万人増え、1億8300万人に達しています。

2020年1月~3月期の有効会員が1億7400万人ですから、わずか半年で900万人も増加したことになります。メルカリのユーザー数が2200万人という点と比較すると、**eBayのユーザー数が、わずか半年で900万人増加したという数字の大きさが感じ取れる**のではないでしょうか。

もともと会員数は、増加傾向にはありましたが、コロナ禍で会員数の増加が一層加速したことになります。

一度アカウントを取得してネットショッピングをすると、リピート客として継続的な取引につながるため、会員数の増加は、イーベイの販売力を今後も持続的に高めるための強力な要因となります。

また、有効会員1億8300万人という規模についてですが、日本国内の主要マーケットと比較すると、その大きさが良くわかります。

・ebay.com　1億8300万人

・アマゾン日本　5253万人

・楽天　5138万人

・ヤフーショッピング　2945万人

数字はニールセン、デジタルコンテンツ視聴率のMonthly Totalレポートを参考にしています（出典：https://www.netratings.co.jp/news_release/2020/07/Newsrelease20200707.html）。

右の数字のからするとeBayは、アマゾンの3・4倍、楽天の3・5倍、ヤフーショッピングの6・2倍ということで、いかにその規模が大きいか、比較して良くわかります（なお、数値集計のタイミングが半年ほどずれますが、大局的な規模感の差は、ご理解いただけるかと思います）。

物流面も安心！　新型コロナを乗り越える国際物流

次は、コロナ禍で心配されている国際物流について、お伝えしておきたいと思います。

結論を先に申し上げますが、物流も問題ありません。知識ある**日本人eBay出品者は、コロナ以前よりもむしろ有利な条件で、国際物流を利用しているのが現実**です。

当然のことですが、eBayに出品した商品が売れたら、それを海外のお客さんに届けるための物流（運送手段）が必要になります。コロナ以前は、皆さんお馴染みの郵便局が提供している国際郵便を使って、海外のお客さんに商品を発送する日本人出品者が、eBayでは一般的でした。

ところが、コロナの発生に伴い、大変残念なことに、郵便局は国際郵便の多くを引き受け停止にせざるを得ませんでした。とくに、最大マーケットであるアメリカ向けの速達小包（EMS）は、本書執筆時点においても、引き受けが再開されておらず、国際郵便を使って発送していたeBay出品者たちは、発送手段を失って大変なことになってしまった、というのが、2020年の前半で起きた出来事です。

ところが、研究熱心なeBay出品者の中には、コロナ以前から国際郵便以外にも、物流手段を使いこなしていた人たちもいました。

彼らは、DHLやFedexなど、一般に「クーリエ」と呼ばれる民間の国際物流企業を、eBay輸出の発送手段として活用していたのです。**クーリエは、コロナ発生後も従来通り国際物流サービスを継続しており、eBay出品者たちにとって頼もしい物流インフラを提供し続けています。**

コロナ以前はクーリエのことをよく知らずに国際郵便だけで発送を行ってきた日本人出

品者たちも、続々とクーリエの活用を開始し、現在は私の周囲では多くのeBay出品者がコロナ以前と同水準か、それ以上の売上を伸ばしています。

ここで疑問に感じられるのは、なぜ郵便局がサービス提供できない中で、クーリエはそれができるのか？　という点です。

種明かしをすると、郵便局では貨物を輸送する際に、旅客機の貨物スペースをレンタルして荷物を海外に運んでいたことが災いしました。新型コロナの蔓延によって旅客機の便数が大幅に減ったため、従来レンタルしていた貨物スペースがなくなってしまい、その結果、貨物の引受停止という措置を取らざるを得なかった、という原因があったのです。

他方で、クーリエは自社で飛行機を保有していた点が幸いでした。自社で設備（飛行機）を保有していたため、旅客機の運航に依存することなく、サービス提供を継続することができたのです。

これからeBay輸出を始めようとされる方には、クーリエの活用は必須項目になりますが、地域や品物によっては、郵便局の国際郵便のほうが有利に発送できる場合があります。このため、郵便局とクーリエ各社それぞれの特徴や取引条件を把握したうえで、最も有利な選択をしながら、各社を使い分けていく、という取り組みがeBayで成功するためには必要な知識になります。

個人的には、これまで長らくお世話になってきた郵便局には、早期に復活していただきたいと祈りながらも、eBay輸出の現場判断としては両者の使い分けが不可欠になると感じます。

国際郵便とクーリエの違いなど、詳しくは第5章で解説したいと思いますが、ここでは「物流面について、コロナの影響は限定的なので、安心していただいて大丈夫です」という点をお伝えしました。

英単語の羅列でも通用する意外な理由

個人貿易のメリットをさまざまにお伝えしてきましたが、中には英語に不安な方もいらっしゃるかと思います。しかし、安心してください。大丈夫です。

実をいうと大半の取引においてお客さんとメッセージのやり取りをすることがありません。商品の閲覧→購入→支払い→発送報告という一連の流れは定型化されていて、お客さんがアクションを起こすたびに、次のアクションに関する指示など、eBayのシステムからお客さんに対して自動的にメッセージが送られます（これは日本のネットショップでも同じですね）。

個別にお客さんとのやり取りが必要なメッセージは、発送について個別のリクエストをいただいたり、商品について不具合がある場合など、ある程度限定されているのです。
そして、そうした限られた場面でも、**私がeBay輸出の実務で使っている英語、特に文法は、中学1年生か2年生で習う基礎的なものばかりです。**例えば以前、商品を出荷した後にお客さんから以下のメールが来ました。

---

hello,
where is the item from you?
regards

たったこれだけです。スマホからメッセージを送っているのでしょう。先頭の文字が大文字にすらなっていません。これくらいフランクなやりとりです。
「あなたから（買った）の商品はどこ?」という意味で、到着が遅いということです。whereの疑問文は、中1か中2で習う文法です。

これに対する筆者の返事は次の通りです

You can track it from the following URL.
https://xxxxxxxxxx
Thank you for waiting so long.

（訳）

次のＵＲＬで追跡できます。
https://xxxxxxxxxx
長らくお待ちいただき、ありがとうございます。

以上、至極シンプルな返事です。

・canは助動詞で「○○できる」、ここでは「追跡できる」という意味です（中1）
・followingは、前にｂｅ動詞がないので進行形ではなく現在分詞ですね。直後の名詞を修飾する形容詞として働きます（中3）
・Thank you for ～は、forが前置詞なのでその後ろの～には名詞が入り、感謝する理由を記載します。ここでは「長く待っている」という動詞が理由なので、動詞を名詞として活用した動名詞～ingが入ります（中2・3）

このように、中学レベルでビジネスの会話が成り立ち、eBay輸出が実践レベルになることは、想像するほど難しいことではないのです。

なお、文法というと難しく感じる方もいるかもしれませんが、もっとシンプルな方法もあります。

例えば、ビジネスで使う英語は、文脈や会話のパターンが限定されていますから、**事前に問答集をテンプレート化しておくことで、部分的な単語を置き換えて英語メッセージのやりとりも可能です**。

さらには、無料で使える自動翻訳アプリも十分に実用レベルに来ています。上記の通り、シンプルな表現のやり取りが多いですし、微妙なニュアンスを読み取らなければならないケースはほとんどありません。

まだ不安な方もいらっしゃるかと思いますが、第2章では学生時代に習ったきりの英語から離れて数十年という方など、英語に苦手意識を持ちながら、eBay輸出で活躍されている方の体験談も紹介していますので、参考にしていただければと思います。

モノマネでOKだからあなたにもできる！

謙虚な方からしばしばいただく相談のなかに「私もできるのでしょうか？」というものがあります。しかし、興味さえあれば、取り組んでいただけるのが個人貿易の面白さです。

個人貿易というと大げさに聞こえるかもしれませんが、安く買って高く売る、というシンプルな物販にすぎません。**物販というのは、煎じ詰めれば、ものを安く仕入れて、店に並べる、後は品物の魅力で売れていくというのが中核ですから、真似がしやすいのです。**

売り手としての信頼性は別として、売り手の能力は必ずしも重要ではないのです。サービス業であれば、資格や経験、強く印象に残るキャラなどが求められますが、物販はモノが主役ですから、誰にでも取り組みやすいというメリットのある業態なのです。

では、どうしたらよいか？　それは、他の成功している先行出品者の品ぞろえ、商品説明、価格、商品写真など、当然どれも一般公開されていますので、初心者は競合出品者を真似ていくという取組スタンスで十分なのです。

「真似る」というのは、「学ぶ」という言葉の語源といわれていますから、学ぶ気持ちさえあれば初心者でも取り組みやすいのが物販なのです。

なお、初心者を卒業し、次のレベルにステップアップしていくための販売に関する詳細・

ノウハウも、第5章、第6章で解説します。合わせて安心材料にしていただければと思います。

以上、第1章では、趣味の個人貿易の魅力や、eBayについての紹介を行ってきましたが、次章では、実際にeBayで売れている商品や、実際にeBayをやってきた成功者の体験談を紹介していきます。

第2章

世界から求められる日本の品々

1 どんな商品が売れ筋なのか

海外で売れる3つのポイント

本章ではｅＢａｙを一層身近に感じていただくために、前半で、具体的にどんな商品が売れているのか、実際の売値とともに紹介します。後半では、実在する日本人出品者の方々がｅＢａｙに、どのように取り組んでいるのかを紹介します。

具体的な商品を紹介する前に、高く売れる商品に共通する要点を３つ挙げておきます。ポイントを押さえておけば、具体的な商品を見たときに応用可能な知見が得やすいからです。

《ポイント1．中古品であること》　ユーズド・イン・ジャパンという言葉の通り、現代は日本の中古品に対する世界からの需要が高い時代になっています。もともと、日本人はモノを大切にする文化を持っていて、中古品でも品質の良いことが多く、外国人に評価されています。それに加え、デフレ経済によって日本の品物が海外から見て割安感を生んでいることも背景として見逃せません。古いモノなのに状態が良く、それでいてリーズナブルな価格であるという点が、人気を高める要因となっています。

《ポイント2．世界に認知されていること》 ネットで買い物をするお客さんは、ほしい品物をキーワード検索するところからスタートします。お客さんがモデル名やそのメーカー名を知っていることで、ほしい品物の検索キーワードが思い浮かびます。世界中で多くの人が知っているキーワード（商品名・メーカー名）であればあるほど、お客さんに見てもらう頻度が高まり、売れ行きが良くなります。こうした背景で、大手メーカーの商品やアニメの人気キャラクター、芸能人、スポーツ選手などに関連する商品が売れやすくなります。

《ポイント3．海外で手に入りにくいこと（限定性・希少性）》 需要と供給の関係から、手に入りにくいものは高値が付きやすい傾向があります。特に日本でしか手に入らないものは、海外への供給が少なく、高く売れやすいことになります。日本の伝統的な品物や、日本限定グッズが最たる例ですが、この他に中古品の場合は、「状態が良い」品物の供給も少なくなります。状態の良いものを見つければ、高く売れる可能性が高まります。

以上3つのポイントを確認しながら、個別具体的な売れ筋商品を見ていきましょう。

アニメ・キャラクターの関連商品

まずは、アニメ・キャラクターのフィギュアです。これは、日本人にはお馴染みの定番ジャンルです。子供のころの記憶や、お子さんに買ってあげた記憶のある人もいるのではないでしょうか。

アニメや漫画以外では、ゲームのキャラクターも売れ筋ジャンルとして有望です。また、キャラクターの関連商品としては、フィギュアに限らず、アニメのセル画や、ＤＶＤ、ゲームソフト、漫画本、キーホルダーなどがあります。

左の写真は、聖闘士星矢のキャラクターですが、これに限らずさまざまなアニメ・キャラクターの関連商品が販売されています。例えば、ハローキティ、ドラゴンボール、エヴァンゲリオン、セーラームーン、ワンピース、ガンダム、隣のトトロ、ナルト、ドラえもん、アキラ、ルパン三世、などがあります。

アニメや漫画のキャラクターは、時代を追うごとに、たくさんの作品が創作され、それにつれて新しい売れ筋のキャラクターが生まれます。小さなお子さんがいる子育て世代のお父さん、お母さんは、お子さんと一緒に探してみても、面白いジャンルです。

eBay

Dragon Ball Z Vol.1 & Vol.2 DVD Japan Used
Pre-Owned
JPY 72,466
Buy It Now
Free international shipping
View similar active items

eBay

Sold Nov 14, 2020
[FROM JAPAN]BAND/
Pre-Owned
JPY 12,704
13 bids
+JPY 1,504 shipping
View similar active items

国内サイト

ドラゴンボールZ
DVD BOX Z編 Vo
¥36,800　♡7

国内サイト

聖闘士星矢　聖闘
士聖衣大系
¥4,000　♡6

ニンテンドー64のピカチュー・コラボレーション・モデル

キャラクター商品延長上には、**キャラクターとコラボレーションで限定発売されたコラボ・モデルも人気**があり、高値が付きやすい傾向があります。**限定性が希少価値を生む**からです。この点は、他の商品ジャンルにも応用できる考え方になります。

ここでは、ニンテンドー64と、人気キャラクター・ピカチュウのコラボ・モデルを紹介します。写真では箱付き商品が売られていますが、箱付きはさらに希少性を高めます。

また、コラボレーションという考え方を延長して、collaborationというキーワードを使ってeBayで検索してみると、さまざまなコラボ事例をリサーチすることができます。例えば、エヴァンゲリオンの登場人物である綾波と、ハローキティのコラボレーションで作られたぬいぐるみや、ハローキティとSwarovskiがコラボしたブレスレットなども売れていました。

テレビゲームの本体やソフトだけでなく、コントローラーなどの周辺機器も人気のジャンルです。もちろんコラボ・モデルでなくても、売れているゲーム機はたくさんあります。

また、**人気ジャンルがあれば、その周辺をリサーチしてみることが定石**です。売れ筋商品を見つけるリサーチ・ノウハウの1つです。

国内サイト

Nintendo 64 ピカチュウ

¥14,000　♡1

eBay

Sold Nov 27, 2020

Nintendo N64 Pikachu I

Pre-Owned · Nintendo · Nint

JPY 39,611

or Best Offer

View similar active items

eBay

Sold Dec 2, 2020

NINTENDO 64 Console

Open Box · Nintendo 64 · Nir

JPY 39,406

or Best Offer

Free International Shipping

Free returns

View similar active items

国内サイト

ハローキティ　綾波レイ　ぬい

¥1,500　♡4

eBay

Hello Kitty Evangelion Plush Stu

Pre-Owned

JPY 8,815

Buy It Now

Free international shipping

Free returns

View similar active items

ソニー・ウォークマン初代モデル、Denonのレコード・プレーヤー

次は、ソニーのウォークマンです。初代モデルなので、カセット式だった時代のモノです。今はデジタル全盛の世の中ですが、こうした古い商品を集める趣味人やコレクターが世界中にいるのです。

特に一世を風靡した人気商品は、その初代モデルに人気の出る傾向があります。**「1st Model」、「1st Edition」、「1st Issue」などのキーワードで検索**すると、高値で売れたヴィンテージ商品を見つけられます。

私が右記のキーワードで検索したところ、ナイキの1985年製エアジョーダン（スニーカー）22万円や、アップル社の1984年製マッキントッシュ（パソコン）20万円、カシオの1983年製G-Shock（腕時計）17万円の販売実績がありました。

またウォークマンの音響機器という属性を延長して考え、カセット以前に普及していたレコードをリサーチしてみたところ、Denonのレコード・プレーヤーがeBayで買われていました。

eBay ＝eBayの販売価格　国内サイト＝国内サイトの販売価格

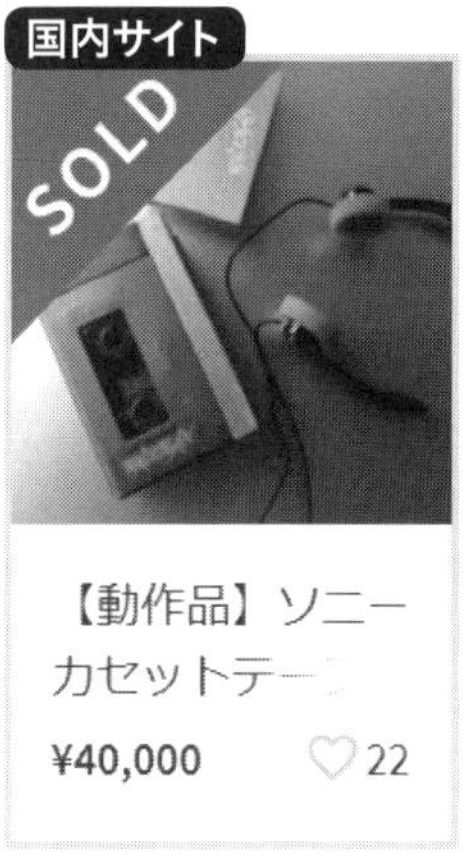
国内サイト
SOLD
【動作品】ソニー
カセットテー
¥40,000
22

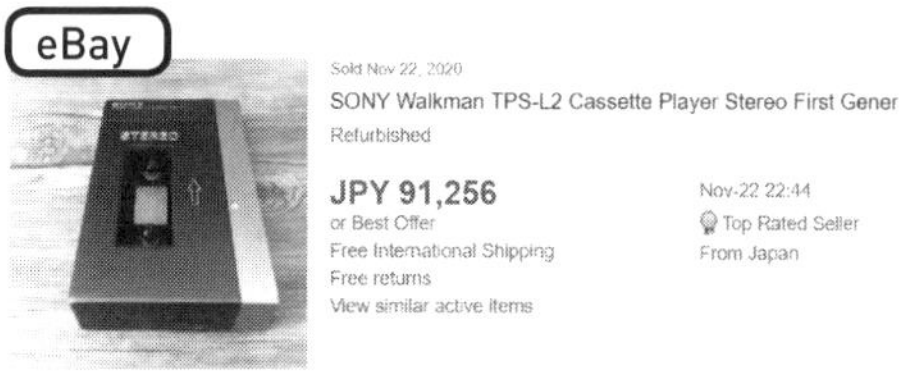
eBay
Sold Nov 22, 2020
SONY Walkman TPS-L2 Cassette Player Stereo First Gener
Refurbished
JPY 91,256
or Best Offer
Free International Shipping
Free returns
View similar active items
Nov-22 22:44
Top Rated Seller
From Japan

eBay
Sold Dec 30, 2020
SONY TPS-L2 Walkman Cassette Player Guardians of the G
Pre-Owned
JPY 80,369
Buy It Now
+JPY 2,069 shipping
View similar active items
Dec-30 13:21
From United States

eBay
Sold Dec 27, 2020
SONY TPS-L2 Walkman Cassette Player MINT New Belts C
Pre-Owned
JPY 79,747
Buy It Now
Free shipping
Dec-27 06:20
From United States

国内サイト
SOLD
DENON DP-1800
レコードプレ
¥13,500
16

eBay
Denon DP-1800 Direct Drive
Pre-Owned
JPY 56,741
Buy It Now
Free international shipping
View similar active items

人気週刊誌・写真集・レコード・CD

初代モデルとの関連では、**雑誌、写真集、レコードやCDの初版**も比較的流通量も多く、手に入れるチャンスも多いでしょう。左記写真の商品は、1987年『週刊少年サンデー』の「らんま1／2」、1997年『週刊少年ジャンプ』の「ワンピース」、それぞれの**「第1話」が掲載された当時の週刊誌**です。

新品価格は数百円の雑誌ですが、ヴィンテージ化することで、新品定価をはるかに上回る高値がついています。

こうしたヴィンテージ商品は日本でも高値が付くことも多いです。

またマンガに限らず、人気の芸能人が表示を飾る雑誌も売れます。左下の写真のように、ザ・ローリング・ストーンズの写真集も売れていました。芸能人については、世界各地に熱狂的なファンがいます。「好きな芸能人に関連する品物は、なんでも集めたい」というファンの方も大勢います。私の経験だと、以前オードリー・ヘップバーンが表紙を飾る映画雑誌を販売していた時、ロシア人女性のお客さんがリピーターとなって、映画雑誌以外にもポスターや、映画のパンフレットを何度も買っていただいた事例があります。

eBay ＝eBayの販売価格　国内サイト ＝国内サイトの販売価格

eBay

Sold Dec 25, 2020

Weekly Shonen Sund
Episode Rumiko Taka

Pre-Owned

JPY 26,366

Buy It Now

+JPY 1,543 shipping

View similar active items

eBay

Super Rare ONE PI
from japanmagazin

New (Other)

JPY 20,222

Buy It Now

+JPY 2,406 shipping

View similar active items

eBay

The Rolling Stones Photos book

Pre-Owned

JPY 32,943

Buy It Now

Free international shipping

View similar active items

国内サイト

写真集 ＞ ミュージシャン ＞ Rolling Stones

・The Rolling Stones Emotions 写真集 ローリン

落札 **800円**　開始 800円

入札 1　終了日時 01/09 16:14

楽器・音響機器

先にウォークマンを紹介しましたが、音楽つながりとして、次はシンセサイザーです。音楽は趣味の世界で、大変ポピュラーですから、世界中に大勢の愛好家がいます。シンセサイザーなどの電子機器は、精密機器でもあり、日本製で信頼性の高い品物への需要が高いです。また、音質や使い勝手にこだわりのある人々が多いカテゴリーなので、高値が付きやすい傾向があります。

音楽カテゴリーでは、ローランドのシンセサイザーのほか、ヤマハのサックスやフルート、パイオニアのミキサーなども、販売実績があります。このカテゴリーでも日本製ブランドへの信頼は高いようです。ここに挙げたメーカー以外にも、その**ライバル社の製品や、関連製品（ギターのイフェクターなど）**を当たってみるとよいでしょう。

試しに、ギターのイフェクターを検索したところ、パイオニア製のＥＦＸ－５００というＥｆｆｅｃｔ Ｐｒｏｓｅｓｓｏｒがヒットしました。ＥｆｆｅｃｔｏｒとＥｆｆｅｃｔ Ｐｒｏｓｅｓｓｏｒでは別々の品物ですが、こうした近い言葉から、内外価格差がある商品が、偶然見つかることもしばしばあり、手を動かしてみることが大事です。

eBay ＝eBayの販売価格　国内サイト ＝国内サイトの販売価格

eBay

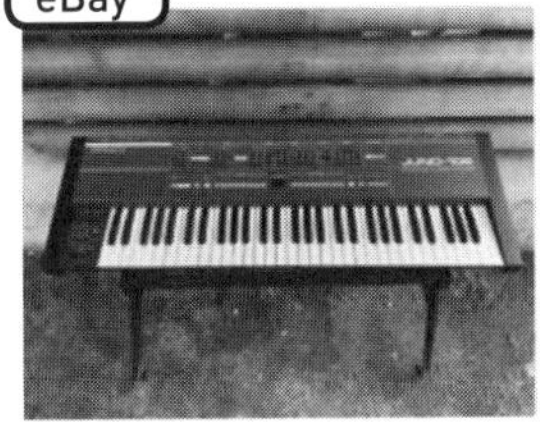

Roland JUNO-106 6 vo
synthesizer serviced. F

Refurbished

JPY 158,089

Buy It Now

Free shipping

View similar active items

国内サイト

鍵盤楽器 ＞ キーボード、シンセサイザー ＞ ロー

Roland JUNO-106 シンセサイザー 61鍵盤 楽器 音響機材 ローランド 中古 O5257936

落札 **78,000円**

入札 1　終了日時 10/25 22:23

国内サイト

EFX-500 美品

¥3,500　♡ 4

eBay

Sold Nov 29, 2020

PIONEER EFX-500 DJ EFFE

Pre-Owned

JPY 18,004

Buy It Now

+JPY 5,265 shipping

View similar active items

eBay

Sold Nov 18, 2020

Pioneer EFX-500 DJ Effects Used

Pre-Owned

★★★★★ 4 product ratings

JPY 14,706

or Best Offer

Free shipping

Free returns

View similar active items

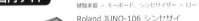

日本人デザイナーのファッション・ブランド

日本人デザイナーのファッション・ブランドも世界的に人気があります。**特に洋服は、最も日常的なカテゴリーであるだけに、固い需要**がある有望なカテゴリーです。

ただ、日本人と欧米人とでは、体格に差がある点が難しいところです。この点、イッセイミヤケのデザイン、特に「プリーツ・プリーズ」はゆったりしたデザインのため、サイズの柔軟性が高く、海外の人たちにも人気があります。

なお、イッセイミヤケは、大人の女性向けで、落ち着いた嗜好のファッションですが、もう少し違った趣の洋服も売れています。例えば、リズ・リサです。

写真はレースのついたリズ・リサのワンピースです。リズ・リサは、ヤフオクでは、安いモノなら数百円程度から売られています。送料を入れても1000円以下で仕入れができるものもあり、**少ない予算で始めやすいブランド**です。

日本の若者がリードするファッション文化にあこがれる外国人も多く、隠れた人気ジャンルです。ファッションや美容に関心ある女性には、さまざまなデザインに触れながら、楽しく取り組みやすいジャンルです。

eBay ＝eBayの販売価格　国内サイト ＝国内サイトの販売価格

国内サイト

プリーツプリーズ　パンツ

¥8,500　♡3

eBay

ISSEY MIYAKE PLEATS PL purple-ish red

Pre-Owned

JPY 14,027

Buy It Now

+JPY 3,429 shipping

View similar active items

eBay

Issey Miyake Pleats Please

Pre-Owned

JPY 14,547

Buy It Now

+JPY 2,598 shipping

View similar active items

eBay

Sold Dec 6, 2020

Setup Liz Lisa Pink Liz Lisa

Pre-Owned · Liz Lisa

JPY 11,931

Buy It Now

+JPY 1,039 shipping

View similar active items

国内サイト

り > リズリサ > ワンピース

リズリサ 純白 花柄 レース&チュール 超！ボリューム ワンピース

落札 **2,000円**

入札 2　終了日時 01/10 22:43

道具類（文房具や工具）

手に取って使う道具類は、手触りや使い勝手の良し悪しが気になる品物なので、繊細に作られた日本の品物は海外でも人気があります。たとえば文房具は、日ごろから使い込むことが多いだけに、こだわりの強い人が多いのではないでしょうか。趣味性も高く、高値で売りやすい商品ジャンルです。また、**重量が軽いため、海外送料が比較的安価になる点**も、売り手の立場から見逃せません。左上の写真は日本のパイロット製万年筆ですが、モンブランなど、海外メーカーの中古品も、日本人出品者から販売実績が多数あります。日本人でも、海外ブランドを売ることは十分に可能です。

さらに、道具という切り口でリサーチをしたところ、大工さんが使うノミが見つかりました。左上から3番目の写真はeBayで10本セットが1万5000円以上で売れています。それに対して一番下の写真は日本のヤフオクで、20本7252円ですから、大きな価格差があります。DIYは世界的に人気の趣味なので、使いやすい道具を求める人が多いのでしょう。

日本の大工道具のように、伝統に根差した品物は、海外でも比較的手に入りにくく、日本人に有利な商品ジャンルです。こうした**連想ゲーム的な発想で品物を探せます**。

eBay

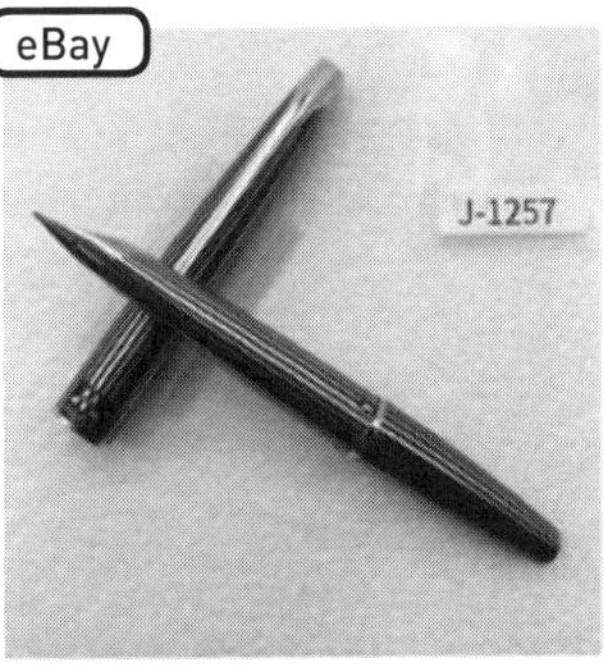

J1257 Pilot MYU Na

Pre-Owned

JPY 44,680

17 bids

+JPY 2,598 shipping

View similar active items

国内サイト

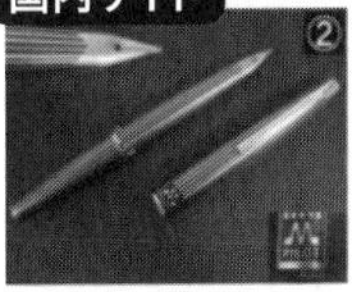

筆記用具 ＞ 万年筆 ＞ パイロット

パイロット ペン先一体型 万年筆 ミュー ストライプ (2) μ PILOT

送料無料

落札 **25,500円**

入札 16　終了日時 11/25 23:55

eBay

Sold Nov 27, 2020

Japanese Vintage Carper k10

Pre-Owned

JPY 15,326

22 bids

+JPY 3,845 shipping

View similar active items

国内サイト

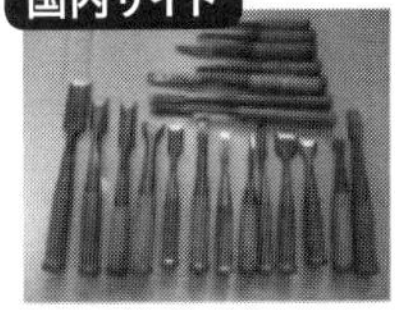

工具、DIY用品 ＞ ハンドツール、大工道具 ＞

★大工道具 宮大工　のみ　ノミ　在銘有り　20本セット ★

落札 **7,252円**

入札 36　終了日時 01/19 23:34

中古カメラ

先に紹介したカセットタイプのウォークマンと同様に、デジタル以前のフィルムカメラも良く売れます。特に中判カメラは、発売当初に給料1か月分以上するなど、高価で手が届かなかったものが、現在では値ごろ感が生まれていて、大変人気です。**デジカメとは一味違った風合いの写真が撮れるため、デジカメ・ユーザーからのニーズもあります。**

カメラ市場は海外でも日本メーカーが圧倒的に強く、「カメラといえば日本」というブランド認知が、eBayでも広がっています。

中古カメラの輸出で成功する日本人が多い理由は、海外から人気が高いというだけではありません。カメラというカテゴリーには、レンズやストロボ、露出計など、周辺機器が多いという特徴があり、商品の多様性が、仕入れチャンスの多さにつながっているのです。

また、カメラの歴史は200年以上あり、こうした歴史の長さもヴィンテージ品を生み出すことにつながっています。「Made in occupied Japan」という刻印があるニコンのカメラがあります。これは、GHQによる占領下で作られた日本製のカメラを指しますが、そうした歴史的な価値のある製品がある点も、カメラの魅力です。

eBay ＝eBayの販売価格　国内サイト ＝国内サイトの販売価格

eBay

Sold Oct 23, 2020

【MINT Count 234】 Fujifilm Camera Japan

Pre-Owned

JPY 80,007

Buy It Now

+JPY 6,234 shipping

Free returns

View similar active items

国内サイト

大判、中判 > 中判 > 富士フイルム、富士写真フ·

★☆Fuji GW 690Ⅲ 390 (レンズ、ファインダークリーニング済) 美品 三ケ月保証☆★

落札 **57,008円**

入札 19　終了日時 12/06 21:14

eBay

Sold Jan 28, 2021

Nikon SB-800 Speed Light Flash

Pre-Owned

$175.00

Buy It Now

+JPY 1,269 shipping

View similar active items

国内サイト

アクセサリー > ストロボ、照明 > ニコン用

中古 Nikon ニコン スピードライト SB-800 ストロボ フラッシュ カメラ周辺機器 N5330803

落札 **4,901円**

2 eBay輸出に成功する日本人出品者たち

釣り道具輸出で世界に友人を増やすKTさん

これまで、海外に高値で売れた日本製品を紹介してきましたが、そうした製品を実際に販売している日本人出品者たちの実態に迫りたいと思います。私が運営するeBayスクールの受講生の中から、まずは大阪府在住のKTさんのお話を紹介します。

KTさんは、子供のころから釣りが趣味で、会社員になってからも釣りを続けていたのですが、ある日、釣り仲間のひとりが、ヤフオクで釣り道具を販売していることに興味を持ったそうです。そのご縁から、当初は自ら、日本のヤフオクで中古釣り道具の出品を始めたのです。

しかし2013年頃、外国為替が円安に振れてきたことをきっかけにして、輸出のメリットに気づきました（円高の時期でも内外価格差は得られます）。その後、実際にeBay輸出への挑戦を始め、当初は副業、現在は本業として釣り具の輸出販売を継続しています。

釣り具の出品を始めて面白かったのは、同じ釣りでも、自分の趣味ジャンルとは、別の釣りジャンルに関心が広がったことでした。釣り具といっても、そのジャンルは幅広く、海釣りもあれば、川釣りもあり、道具が変わります。例えば、ワカサギを釣るのとマグロを釣るのとでは、魚の大きさが違うので道具も違ってきます。

このように、**販売という切り口が趣味に加わって、関心の対象が広がり、釣りに対する理解が広がった点**が、面白いところです。

ＫＴさんがｅＢａｙで輸出する釣り具は、日本メーカーでは、シマノやダイワなど、リールや釣り竿をつくる総合釣り具メーカー。さらには、メガバス、デプスなどの海外でも評価の高いルアーがあるメーカー。そして、世界的な釣り具メーカーのアブ・ガルシアなど多岐にわたります。

アブ・ガルシアは、スウェーデンの釣り具メーカーです。ＫＴさんによると、リールを使った現代的な釣りのスタイルが形成される過程で、大きな影響を与えたメーカーが、アブ・ガルシアだそうです。

ｅＢａｙ輸出において、釣り具メーカーのアブ・ガルシアが重要なのは、ヴィンテージ商品が生まれている点です。釣り具に限らず、カメラや自動車の市場でも、**その商品ジャンルの基本的なスタイルを作ってきた会社の商品は、ヴィンテージ化する傾向が強い**です。

例えば、カメラのライカは、世界的に普及するフィルム規格である35㎜判フィルムを使った最初の実用カメラを作ったメーカーで、その規格はデジカメでもフルサイズのイメージセンサーとして承継されています。

また、ガソリンエンジンの自動車を最初に作ったのは、ダイムラーとベンツです。こうした業界の主導的な地位にあるメーカー品は、ヴィンテージ・モデル、高級モデルとして、多くの愛好家を魅了することが多いのです。

お客さんから「この商品を探してほしい」と依頼が来る

これに対して、シマノやダイワなどの日本メーカーは、品質の良さで愛好家たちを惹きつけています。

「Made in Japan」が高品質の代名詞であるのは、ご存じの通りですが、欧米がマーケットを作り、日本が品質でシェアを獲得するという構図は、釣り具だけでなく、カメラや自動車など、他の商品ジャンルでも、また新品、中古を問わず、共通してみられる現象のようです。

KTさんのお話の中で興味深いのは、ルアーのコレクターたちの購買動向です。

ルアーは、同じモデルでも、**色違いのモノが様々にあり、コレクターとなるお客さんは、同じモデルで全色そろえることに情熱を持っている人も多い**そうです。

日本メーカーも、海外メーカーもそれぞれ、世界中に商品を販売していきますが、特定の国に限定された色のモデルを発売することがあります。海外のお客さんからは、日本向けにローカライズされたモデルに対して、安定した需要があります。

海外メーカーが日本で販売するために公開している日本のウェブページを指定して、掲載されている日本限定の商品を、「代理で買ってほしい」と依頼が来ることも多いとのこと。このように**趣味製品を扱っていると、海外の愛好家たちから積極的に購買相談が入ることがあり、引きの強いビジネス・チャンス**が感じられます。

ときには、海外の積極的なお客さんから、「日本に旅行するので、今度会って食事をしよう」と誘われることもあるそうです。

前ページの写真はKTさんと、オーストラリアから来日された夫婦で、医療関係の仕事をされている方です。KTさんによると、「日本に来た際はマグロを素手で炙るパフォーマンスが有名な大阪京橋の居酒屋『とよ』に行こうと誘われました。ウニはsea urchin 大トロはfatty tunaなど機械翻訳を駆使して、お好みのメニューを聞き出し注文しました。お目当ての火炙りショーをご覧になって、ご満悦の様子でした。ちなみにシマノのリール愛好家だそうで、来日以来、コロナ騒動前まではマレーシアへカジキマグロ釣りに一緒に行こう！　としょっちゅう誘われていました」とのこと。

英語が得意でなくても、趣味でここまで外国人と親しくなれるのが、eBay輸出が持つもう1つの魅力なのです。

なぜ外国人は欧州ブランドでも日本人から買いたいのか？

次に紹介するのは、東京都在住の女性YKさんです。YKさんは以前、大手航空会社のキャビン・アテンダント（CA）として活躍していました。その後、CAの経験を活かしてマナー研修の講師業をしていましたが、2019年初頭、趣味を活かしてeBay輸出に取り組むため、私がeBay輸出の講師として、お付き合いさせていただくことになりました。

YKさんが行うマナー研修は、観光地のホテルで働く外国人スタッフ向けに、日本流の接客マナーを指導するもので、指導先のホテルに何日も泊まり込んで研修を行います。**全国を飛び回る多忙な業務の中、ノートパソコン1台を使って、副業でeBay輸出を実践**しています。

eBay輸出は、インターネットでモノを輸出販売する通信販売業です。商品を仕入れたあとは、ネットに掲載する商品写真を撮影し、その後売れるまで整理・保管し、売れた後は梱包・発送が必要になります。

このようにモノを扱う一連の作業を行う時間を確保することは、YKさんのように、出張が頻繁にある場合、どうしても難しくなります。YKさんは、全国を飛び回る多忙な日常の中で、なぜ、このようなことができるのでしょうか。その答えは、外注業者・在宅スタッフの活用です。

YKさんは、**撮影、保管、梱包、発送という業務を外注業者に委託して、自身の活動は**

人に任せられない仕事や、仕入れ、そしてお客さんからのメール対応に特化しています。その結果、ノートパソコンが1台あれば、朝・夕のプライベートな隙間時間で、輸出販売ができてしまうのです。

外注業者に支払う報酬は、安いところでは商品1個当たり数百円。しかも、梱包用の箱や緩衝材を含めての価格です（送料は別途負担）。

このように、ネット通販のバックヤード業務を側面支援する外注業者がいて、個人でも安価に利用可能なのです（第6章でも詳しく触れています）。

ＹＫさんが取り扱うのは、女性向けのファッション系商品として、洋服、アクセサリー、時計など。特に高品質なブランド品です。ＹＫさんは例として、イギリスのメーカーである「Ｖｉｖｉｅｎｎｅ Ｗｅｓｔｗｏｏｄ（ヴィヴィアン・ウエストウッド）」を紹介してくれました。

しかし、英国のメーカーであるヴィヴィアン・ウエストウッドの商品なのに、海外のお客さんは、なぜ海外送料を払ってまで、日本人から買おうとするのでしょうか？　ここにも成功の秘訣が隠れています。

実は、日本で販売されているビビアン・ウエストウッドの商品の中には、福助など**日本**

の老舗メーカーが製造・販売しているものがあります。それが、海外のメーカーよりも品質が良いという声が多いようなのです。海外のお客さんも、その評判を知っているから、高品質な商品を日本人から購入しているそうです。日本に住むこと、日本人であることが、国際競争力を生む象徴的な事例です。

コロナ禍の不景気をeBay輸出で乗り越える

2020年春以降、新型コロナ感染拡大防止のため、観光業界は厳しい状況に直面しました。その余波でYKさんも、マナー研修のお仕事が減少してしまいました。しかし、コロナ後はいち早く気持ちを切り替えて、eBay輸出に注力されています。eBay輸出に希望を感じているからです。

YKさんが2019年から1年以上実践し、その実態を把握した上で、eBay輸出に可能性・将来性を感じているのは、それだけ強い手応えがあったからなのです。しかし、その手応えは、単に日本企業が作る商品力や、日本人出品者への国際的な評判の良さなど、環境要因だけで、得られたものではありません。ここでは、YKさんが実践しているプチ努力として、リピーターを獲得するお客さん対応の秘訣を、2つ紹介させていただきます。

ＹＫさんは、ＣＡとして世界中を飛び回っていましたので、世界の主要都市の滞在経験を豊富に持っています。そこで、ｅＢａｙで商品が売れたときには、まずお客さんの住所を確認します。それが滞在経験のある国や都市だった場合には、その街での思い出や感想を一言付け加えて、お客さんに感謝のメッセージを送るのです。

このメッセージをもらったお客さんの多くが大変喜ばれ、ＹＫさんのメッセージの2倍くらいのボリュームの返事をくれることが、しばしばあるそうです。こうしてお客さんとの関係が深まります。ＹＫさんのお客さんは、リピーターが多く、輸出ビジネスの成功につながっています。

これは「ＣＡという特殊な経験があったらからできた」という見方もあるかもしれません。しかし、誰にでもできる、ちょっとした工夫の余地は必ずあるのです。例えばＹＫさんは、アクセサリーを販売するときに、手芸の趣味を生かして、小さな手製のポーチをおまけに付けています。「希望する人には、手製のポーチをプレゼント」というキャッチコピーを、そのポーチの写真と一緒に掲載して出品すると、「売れるのがとても速くなる」そうです。**趣味の手芸を生かしてプチ努力することで、輸出ビジネスに成功**しているよい実例です。

また、カメラを輸出販売する私の場合なら、販売するカメラのレンズで撮影した、綺麗

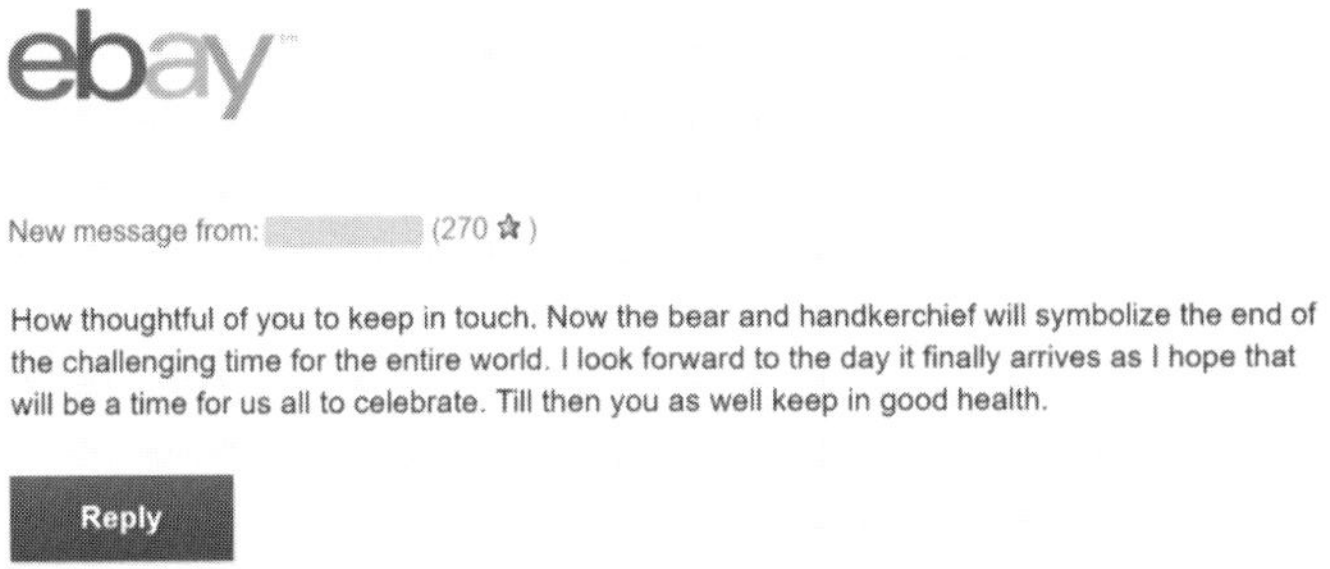

な花の写真を撮影サンプルとして商品ページに載せることで品質が伝わり、そのレンズが売れやすくなります。

環境要因だけではなく、**実践者各人の創意工夫・プチ努力によって、成功確率を高められる余地が十分にあります。**これがｅＢａｙビジネスの魅力の1つなのです。

最後に、ＹＫさんがお客さんからもらった温かいメッセージを紹介します。新型コロナウイルスが世界的に蔓延しはじめて、国際貨物が滞った時期のこと。熊の絵柄のハンカチを販売したＹＫさんが、丁寧な対応で、運送状況についてお客さんに説明を行った際の返事です。

この画像は、ｅＢａｙ輸出でやり取りする内容としては、やや長めのメッセージですが、ＤｅｅｐＬ　Ｔｒａｎｓｌａｔｅという無料の自動翻訳ツールで日本語にすると、簡単に翻訳できます（https://www.deepl.com/en/translator）。

「連絡を取り合ってくれるなんて、なんて思いやりのある人なんでしょう。今、この熊とハンカチは、世界全体の困難な時代の終わりを象徴するものになるでしょう。その日が来るのを楽しみにしています。それまでお元気でお過ごしください」（自動翻訳原文のまま）

ＹＫさんのお人柄や丁寧な対応に反応してか、こうした温かいメッセージをくれる海外のお客さんも多いのです。

また、内容が十分に理解できる程度の翻訳精度の高さに驚きます。ＹＫさんは、英語に堪能な方ですが、**必ずしも英語が得意でなくても、ｅＢａｙ輸出が実践可能**なことは感じられるのではないでしょうか。

英会話で世界とつながるＹＩさん

最後にＹＩさんを紹介します。ＹＩさんは、先に紹介した2名と異なり、ｅＢａｙを始めるに当たり、特に思い入れのある商品ジャンルがありませんでした。その代わり、「どうしても趣味の英会話を活かして、海外とつながる仕事がしたい」という希望を持っていました。

ＹＩさんは商業高校出身ですが、高校生のころから英会話スクールに通い、社会人になってからも、いつか海外関連の仕事をしたいと思い続けました。しかし、大卒でないことがネックになり、外資系企業への就職や、海外関連の仕事を見つけることが難しかったのです。そうした中、20代後半のときに意を決し、ワーキング・ホリデーのビザを使って、カナダで仕事をすることにしました。

YIさんにeBay輸出を決断させたのが、この海外の滞在経験でした。**現地では、多くのカナダ人が日常でeBayを使っていますが、日本ではeBayはほとんど知られていません**。そして、現地での仕事を通じて磨きこんだ英語力を生かして仕事ができる。そこにチャンスを見出したのです。帰国後しばらくして、eBay輸出にチャレンジをすることにしました。

特にこだわりのある商品ジャンルがなかったため、講師である私と同じ日本製中古カメラをeBayで輸出してみよう、ということになりました。しかし困ったのは、当時のYIさんは転職活動中で、すでに前の会社を辞めており、安定した収入や、在庫資金があまりない状態でeBayを始めたことでした。カメラは1台数万円することも多く、「資金がない中で始めるのは厳しいかも……」と不安を感じながらのスタートでした。

しかし、どんなジャンルにも、ノウハウはあるものです。カメラという商品カテゴリーはとてもすそ野が広く、さまざまなサブ・カテゴリーが存在します。ＹＩさんは、カメラ本体や、交換レンズという、ど真ん中のカテゴリーだけでなく、フィルターや、レンズキャップ、ストラップなど、幅広い仕入れにチャレンジしました。

特に低単価で利益率が高かったのは、視度補正レンズ（または交換ルーペ）です。これは、近視など視力が弱い人が、カメラのファインダーに装着することで、ピント調整を補助するためのレンズです。眼鏡の代わりのようなレンズです。

ＹＩさんは、私と一緒に仕入れに行ったときに、都内のある中古カメラ店で３００円程度のフィルム・カメラ用の視度補正レンズを仕入れ、それをｅＢａｙで３０００円～４０００円で販売して、大きな利益を得ていました。在庫に投下できる資金が限られていても、この程度の価格帯で、利益率の高い商品なら、チャレンジしやすいです。

このような古いカメラで使う周辺機器やアクセサリー類は、すでに生産されておらず、海外の店舗では手に入りにくいのです。こうした**ニッチなレアものを仕入れて販売することで、当初の資金不足を克服しながら、高い利益率で、資金を徐々に蓄えていった**のです。

ＹＩさんの体験で、もう１つ注目すべき点は、興味のある商品ジャンルがなかったのに、

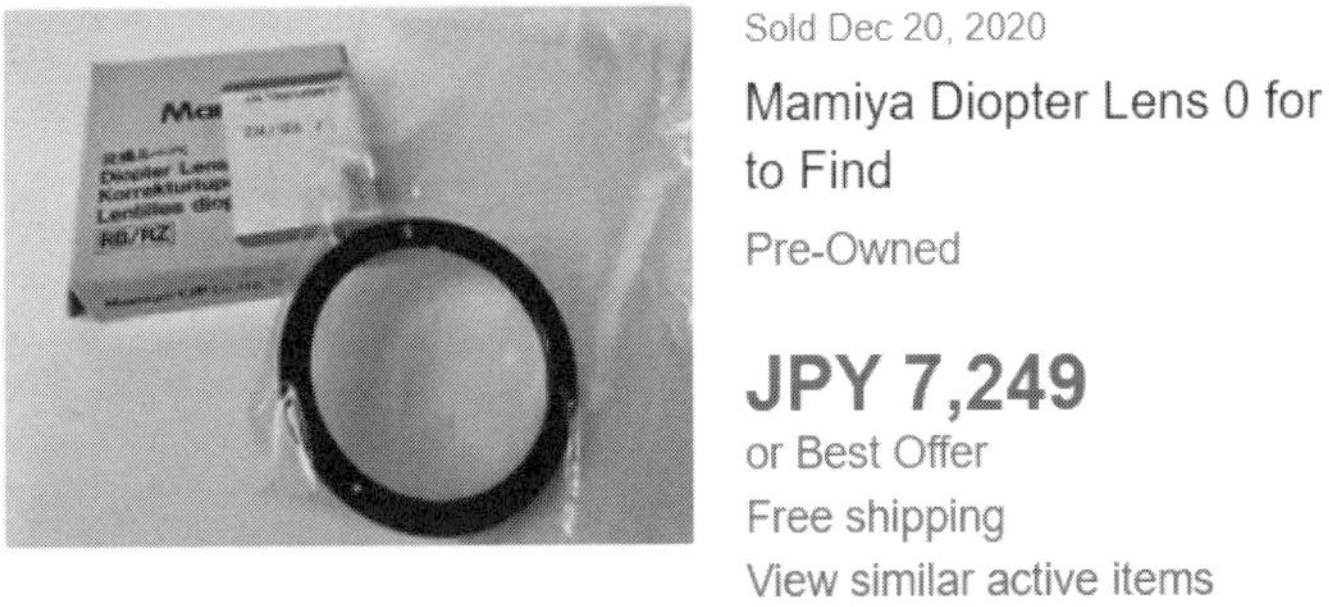

とりあえず始めてみたカメラが、「やっているうちに好きになった」という点です。

特にYIさんは、カメラのデザインが好きになり、今ではカメラを見ると「カワイくて、たまらない」と感じるそうです。今では、自分で撮影に出かけるほど「カメラ女子」になっています。

YIさんが乗り越えてきたハードルは、学歴、資金、特に好きな商品がないことなど、さまざまにありましたが、「英語力を活かしたい」「海外関連の仕事をしたい」という一念で、成功を手にしました。

どんなジャンルにチャレンジするに

しても、いろいろなハードルが現れることがありますが、他方で、大抵は解決策もあります。

現在のYIさんは、派遣社員として働きながら、eBay輸出で、月間で30万円前後の利益を稼いでいます。すでに派遣社員としてもらう給料を超える水準ですが、コロナ後でも過去最高益を毎月更新しながらeBay輸出を継続しつつ、さらに写真撮影という新しい趣味を手に入れて、人生を豊かで潤いのあるものにしています。

そうした前向きな気持ちでチャレンジすると、eBay輸出を楽しむことができます。

第3章

アマゾンvs メルカリvs ヤフオクvs eBay

1 アマゾンvs eBay

カタログで効率化されている出品作業

本章では、インターネット販売をするにあたって個人が利用可能なアマゾン、メルカリ、ヤフオクの特徴を挙げ、eBayとさまざまな観点から比較してみたいと思います。

比較のポイントとしては、**各マーケットが得意とする商品ジャンルなど販売面はもちろんのこと、個人出品者として取り組み方（特に手間・煩雑さ）の違い、売値に影響を与える要素など、利益計算に影響が大きいポイントに焦点を当てて、比較**していきます。

こうすることで、読者の皆さんが、実際に出品者として活動を始めた後の姿が、具体的にイメージしやすくなります。また、既にeBay以外の主要マーケットで販売経験がある方には、従来の販売環境とは異なるeBayに参入するにあたって、心得ておくべき相違点が明確になります。

本章を通じて、立体的な理解が得られるとともに、eBayを掘り下げられるさまざまな情報をお伝えしていきたいと思います。

まずはアマゾン（日本）です。アマゾン（amazon.com）はご存知の通り、ネット通販としては、世界で最も強力な販売力を持つマーケットです。販売力という点について言えば、他の主要マーケットを圧倒しています。アマゾンの中では、マーケットを運営するアマゾン自身が販売している商品だけでなく、個人の出品者や、中小零細企業、中には大手メーカーも商品を出品しています。

アマゾンは、アメリカ発祥のマーケットではありますが、現在では世界各国にローカルマーケットを展開し、その1つが日本のアマゾン（amazon.co.jp）です。amazon.comとamazon.co.jpは、運営母体は同じで共通点も数多くありますが、前者が日本語、後者が英語のサイトという点など、取り組み方に違いが出てきますので、ここでは別々のマーケットと考えて、アマゾンといえばamazon.co.jpとして話を進めていきたいと思います。

モノをネット販売する際に、出品者にとって一定の時間・作業量を強いられるのが、出品作業です。特に趣味や副業レベルの出品数を前提にしたり、ネット販売初心者が、出品者として各マーケットを比較する際には、出品作業の煩雑さは、日常生活の時間の使い方に影響しますので、注目しておきたい違いです。

アマゾンの出品作業は、eBayを含む他の3つのマーケットに比べて、大変シンプルに行えます。この背景には、カタログというシステムがあり、出品者は販売しようとしている商品のカタログを選択することで、商品情報の入力作業を省略することができるのです。

なお、カタログ選択後に、出品者が入力する代表的な項目は以下の通りです。

・販売価格
・在庫数（中古品の場合は通常1）
・商品状態（新品または中古の程度4段階を選択）
・コンディション説明（中古品の状態を文字で入力）
・出荷作業日数
・商品写真（任意）

など、比較的少ない入力項目を埋めれば、出品が可能です。

このように出品者の作業負担を軽減しようとしている点がアマゾンの優れたところです。

こうした経営努力によって、アマゾンに出品者が集まり、品ぞろえが充実し、強力な販売力あるマーケットになっているわけです。

なお、カタログというシステムによって、出品作業の負担軽減が図られている、というメリットをお伝えしましたが、一方でデメリットもありますので、合わせて説明しておきたいと思います。

カタログ出品のデメリット

デメリットの第1は、カタログがない場合もあることです。上記カタログのメリットに関する説明は、自分以外の出品者がカタログをすでに作っている場合を前提としています。すでにカタログがあれば、それを利用できるということです。そのため、売ろうとしている商品について、カタログがない場合には、出品ができないか、またはカタログを自作する必要があるのです。

また、すでにカタログがある場合でも、カタログの内容は他の出品者が作ったものになります。そのカタログに、商品の魅力を十分に伝えきれる販売力があればよいのですが、そうでない場合もあります。つまり、**既存カタログを使う出品者には、販売力を高める選択肢が限られてしまいますので、結果的に安い価格設定で売り込みを行わざるを得ないな**

ど、**薄利多売につながる要因**となっています。

なお、既存カタログを使った出品をする場合に、価格以外で、出品者が比較的柔軟に商品をPRできる項目は、商品写真とコンディション説明の2か所になります。前者は写真という特性上、その良し悪しをわかる人が限定される場合があること、後者は表示欄が大変小さいので、やはり一定限界はあるかと思われます。

第2に、**自分でカタログを作ろうとする場合には、先述の入力項目以外にも、商品のスペックなどさまざまな情報の入力が必要になりますので、作業負担は大きく増えます**（もちろん、最初に1回作れば、使い回しが可能です）。中には、JANコード（バーコード番号）なども求められ、JANコードの管理団体に対して、JANコードを自分で取得するための業者登録が必要になる場合があるなど、事前準備も必要になります。

第3に、カタログを自作するには、大口出品者としての契約が必要になります。大口出品者契約をするには、**月額4900円の月間登録料が必要**になります。これは、商品が売れなくても課金されますので、大口契約にあたっては注意したいところです。

第4に、せっかく時間をかけて作ったカタログで出品しても、自分ひとりでそのカタログを独占することができません。その結果、競合出品者が、そのカタログを使ってドンドン出品することで、価格競争が起きてきます。とくに、アマゾンの商品掲載順位は、安い順に上から並ぶことになりますので、**価格競争が一層促進され、結果的に薄利多売の販売スタイルに帰着**します。これは出品者にとってはデメリットになってしまいます。

個人が趣味レベル、副業レベルでネット販売を始めるには、出品数も限定されているでしょうから、カタログがあるかどうか、そして販売利益が大口出品者の月間登録料を払ってもペイするかどうか、よくよく検討して使いたいシステムになります。

以上、アマゾンの出品作業について、その特徴を要約すると、**カタログというシステムによって、シンプルな作業で出品ができるメリットがある反面、厳しい価格競争にさらされること、カタログ自作には、固定費の発生や煩雑な手続きを招く可能性がある**など、デメリットも生じる、ということになります。

柔軟な表現ができるeBayの出品ページと効率化ツール

アマゾンの出品作業と比較すると、eBayでは、やや入力項目が多いものの、かなり柔軟性の高い商品説明が可能である点がメリットとして挙げられます。

まずは、次の2つの図をご覧ください。

画像 1

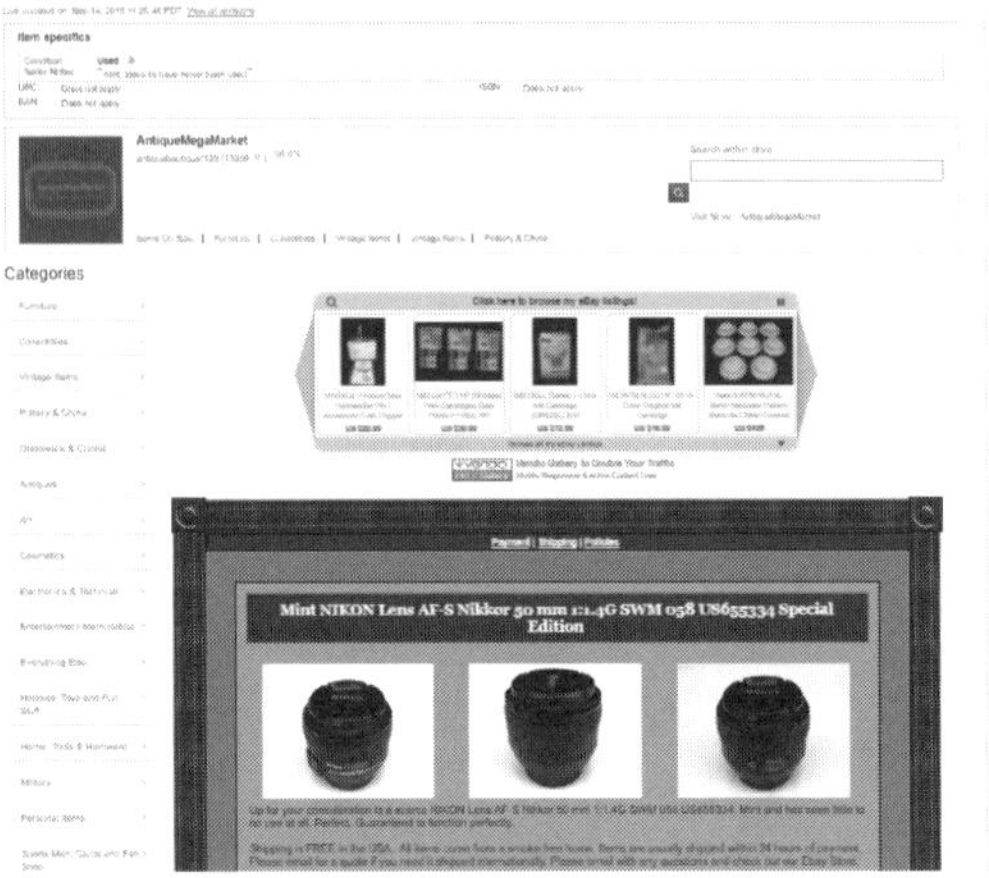
Item specifics
AntiqueMegaMarket
Categories
Mint NIKON Lens AF-S Nikkor 50 mm 1:1.4G SWM 058 US655334 Special Edition

画像 2

¥28,000
✓prime お届け日時指定便 無料
12月7の月曜日、8AM-12PMの間にお届けします。 購入手続き画面で都合がいい時間帯を選択してください
詳細
カートに追加する
コンディション
元箱は付属いたしません。【商品状態】ボディ、レンズフード（HB-47）および前後レンズキャップ（純正 前LC-58、後LF-1）には、使用に伴うかすかなスレが見られます。塗装ハゲ、アタリやヘコミなどは見られません。ラバー部分にべたつきや劣化・白化などは見られません。レンズフードの本体への装着にはややゆるい感じがありますが、撮影には影響ありません。マウント部分および端子部分はきれいな状態です。レンズ表面にはキズやスレ、ヨゴレなどは見られません。内部には使用に伴う細かいホコリの混入が見られますが撮影に影響するものではありません。カビ・クモリは見られません。お届けいたしますのは、本体、レンズフード（HB-47）および前後レンズキャップ（純正 前LC-58、後LF-1）となります。【アマゾン専売につき100%在庫保障】【Amazon配送センターより直送】【送料無料】【返品・返金についてはAMAZONの規定に則ります】【シリアルNo.記録済みの安心商品】S/N：374893
出荷元
Amazon
販売元
[redacted]
（59個の評価）
過去12ヶ月間で92%の高評価

画像1は、eBayのある中古品出品者の出品ページで、商品説明欄を切り取ったものです。それに対して、アマゾンで中古品を売る場合、出品者は画像2の状態説明欄を作ります。

両者を比較すると、前者eBayのほうは、カラフルで、見出しなどの文字装飾や、改行も可能であるため、大変見やすい商品説明や状態説明が可能です。

他方で、後者のアマゾンのほうは、見出しや改行はできず、フォントも固定されています。実にシンプルな状態説明です。そして写真も小さいです。拡大表示はできますが、それでもeBayよりかなり小さなサイズでの表示になります。

この背景には、商品のスペックなどの詳しい説明はカタログに任せ、出品者の作業を効率化する意図があるものと思われます。つまり、アマゾンは、中古品よりも、どちらかというと新品を前提としたシステムを作っており、効率化重視で出品ページの規格化・標準化が進んでいるため、個々の中古品出品者は個別柔軟な商品ページ作りが難しい、つまり丁寧な売込みが難しいということが見て取れます。

一方、**eBayのほうは中古品やビンテージ商品に強いマーケットであるため、個別商品ごとの特徴や品質状態を、出品者が丁寧に表現できるように、柔軟な出品ページが作れるシステム**になっています。

この結果ｅＢａｙでは、個別商品ごとの魅力をしっかりと顧客に伝える環境が整備され、**価格競争に巻き込まれにくく、商品の価値に応じた高値売りがしやすいマーケットになっています。**

時間や資本の限られた個人出品者にとっては、1個当たりの販売利益を大きく伸ばすことが、販売活動の効率化に直結しますので、ｅＢａｙのような出品システムは魅力的です。

なお、ｅＢａｙ出品ページの文字装飾などは、ウェブページの記述言語であるＨＴＭＬを使うことができます。ただそれ以外にも、ＨＴＭＬを使わずに、ネット上で有料または無料で配布されている出来合いのテンプレートを貼り付けて、商品説明ページを作成することも可能です。つまり、ＨＴＭＬを専門外とする人にも優しいシステム仕様になっているのです。

また、シンプルな文字装飾であれば、出品編集画面上に、文字装飾ツール機能が標準装備されているので、ウェブページ作りに不慣れな方でも、安心して取り組んでいただけます。つまり、**ブログ感覚で出品ページを作れる**のです。

また、出品にあたって、アマゾンよりｅＢａｙは入力項目がやや多い、という点はありますが、出品の効率化という点で、ｅＢａｙではさまざまに工夫がなされています。

例えば、コピー出品・類似出品です（eBay上ではSell similarつまり類似出品と呼びます）。

すでに出品済みの商品や、それと類似する商品を追加出品しようとする場合、ゼロから出品ページを作ると手間がかかります。そこで、**出品済み商品や、販売済み商品など、過去の出品データをコピーして、次の出品作業を効率化**する、という方法です。

コピーした後の出品ページで、必要な個所を部分的に修正して出品すれば、出品作業の効率化が図れるという便利な仕組みです。このほか、大量出品する場合に、エクセルなどの**表計算ソフトで編集できるCSVデータで出品する方法**もあります。

さらには、アマゾンと比較して入力項目がやや多いところは、**出品作業の外注化という形で効率化することも可能**です。現代は多くの大企業でも副業が解禁、推進されていますので、自宅やパソコンだけでできる仕事や内職を探している人材はたくさんいます。そうした方々の協力を得ながら、eBay販売を効率化することができるのです。詳しくは第6章で取り上げています。

このように、柔軟な出品ページが作れる仕組みでありながら、効率化の工夫もなされているのが、eBayというマーケットの特徴でもあるのです。

なお、eBayにもカタログという仕組みはあり、出品者が必要に応じて自分の出品ページに既存カタログに掲載された情報を、追加表示することは可能です。しかし、商品カテゴリーによっては、カタログの掲載内容が不十分だったり、カタログ自体が存在しない商品があるケースもあります。さらにはカタログを出品者が自作することができないなど、使い勝手がよい仕組みになるには、もう少し時間が必要です。

アマゾンが得意とする商品ジャンル

前項の出品作業に関する比較でお伝えしたように、アマゾンは新品が得意、eBayは中古が得意、という大枠での違いがありますが、この点をもう少し詳しく見ていきたいと思います。

アマゾンは、大量販売を前提としたマーケットであるため、それはマーケットが得意とする商品ジャンルの違いになって表れてきます。

例えば、大量販売しやすい商品ジャンルとしては、消耗品が挙げられます。具体的には、スーパーやドラッグストアで売られているような日用品、普及価格帯のアパレル、大量に発行される書籍やCD、DVD、ゲームソフトなどです。

また、耐久消費財や、比較的新しい中古品は、アマゾンでも多く取引されます。例えば、私が得意とするカメラでは、デジカメやオートフォーカスレンズは、アマゾンでもよく売れています。

これらの商品は、実用目的で買われるものであるため、販売価格が実用価値に照らして妥当かどうか、お客さんも厳しい目で見ます。つまり**売れ筋商品ジャンルと、お客さんの購入目的という観点から、価格への値下げ圧力が強くなり、薄利多売というアマゾンの特徴にはまっていきます**。

なお、個人がアマゾン販売で成功するには、薄利多売でも利益が得られるような、格安の仕入れルートが必要になります。この点、従来は中国で安く作った日用品や洋服などを、現地購入代行会社経由で個人輸入し、日本のアマゾンで販売するという手法が広まっていました。また、現在でも取り組まれている方がいらっしゃるかと思います。

しかし、中国人自らが日本のアマゾンで販売を開始して、日本人出品者の価格競争力が低下してきていること、この手法ではノーブランドの中国製品を売るので、値下げ圧力が高いこと、といった問題が生じています。さらに米中対立や、香港その他の地域における人権の扱いに関して、現在の中国は世界中から厳しい目を向けられ、経済的な圧力も加わってきている中、カントリーリスクが高まってきています。このようなことを総合的に勘案しながら、販売手法を選択していきたいところです。

ｅＢａｙが得意とする商品ジャンル

ｅＢａｙでも、アマゾンと共通する消耗品や、中古品でも比較的新しい耐久消費財はよく売れます。しかし、ｅＢａｙの真価が発揮されるのは、もっと古い時代の中古品です。私の得意とするカメラカテゴリーでは、**マニュアル・フォーカスのレンズや、フィルムカメラ、特に中判フィルムカメラなど、マニアやコレクターが好む中古ビンテージ商品、骨董価値のあるような商品は、ｅＢａｙがアマゾンよりも得意**としています。これらの商品は、大量販売には向かない商品だからです。

中古品の中でも、**年代のわりに状態の良いモノや、限定品や生産終了品**などは、希少価値が生まれるため、ほしいときには探しても手に入らない、ということがしばしば起きます。そのため、「今買っておかないと、いつ手に入るかわからない」というふうになり、お客さんの販売価格に対する見方・心理状態が、アマゾンとは違ってきます。**つまり、高くても買う、という動機が働くのが、ｅＢａｙが得意とする商品カテゴリーなのです。**

日本からｅＢａｙで高く売れているジャンルとしては、中古品でカメラやレンズの他、日本刀や鎧兜、屏風などの美術品や、万年筆などの文房具、ギターなどの楽器、高級腕時計、高級ブランドバッグ、スニーカー、80年代や90年代のテレビゲーム（レトロゲーム）、超合金ロボットやポケモンカードなどのおもちゃ類、フィギュアやアニメキャラクターグッズ（ホビーグッズ）、アニメの限定DVDセットなどです。いずれも限定性が高く、希少価値のある商品です。

こうした商品類は、1個当たりの単価も高く、そのため利幅も大きくとりやすい傾向があります。**趣味や副業でネット販売に取り組まれる方は、時間の制約がありますので、1個当たりの利幅を大きく得やすいeBayがお勧め**です。

高いモノでも、安いモノでも1個売るのに必要な作業時間は変わらないので、忙しく、取組時間が限られる人は、できるだけ時間効率が良いモノを扱うほうがよいでしょう。個人出品者は、仕入にかけられる時間も限られますので、数よりも質（1個当たりの利幅）で、挑戦するジャンルを選ぶという判断もあります。

アマゾンとeBayの比較に関しては、最後の話になりますが、近年アマゾンのIDがサスペンド（停止処分）され、販売を継続できなくなった出品者が、eBayに活路を求めてチャレンジするケースが見受けられるようになりました。

アマゾンの販売力は魅力的ですが、販売しようとしているブランドによっては、事前の許可申請が必要だったり、アマゾンの規制は厳しくなっています。そのような規制の存在を知らずに、出品をしてしまう出品者が多いことなどが、アマゾンのＩＤサスペンドの背景にあるようです。

他方で、ｅＢａｙにおいては、特に中古品販売においては、アマゾンと比較してそれほど厳しい出品規制が敷かれてはいません。**出品規制の点でもeBayは取り組みやすいマーケットになっています。**

なお、欧州向け出品の場合は、ｅＢａｙでもＶｅＲＯという並行輸入規制がありますので、メーカーによってはクレームが入ることがあります。ただ、この場合でも事前に出品、販売の実績を作ったり、ｅＢａｙからの指摘を受けて迅速に対応（出品削除や訂正）するなど、慎重に取り組むことで、即座にＩＤがサスペンドされるということは多くないようです。

ただ、違反が繰り返し続くなどした場合には、ペナルティが徐々に重くなり、最悪はＩＤサスペンドに至ることもあるので、ｅＢａｙにおいても注意したいところです。

2 メルカリvseBay

作業の効率化が難しいC2Cマーケット

ここでは、日本で急速に存在感を増したマーケットであるメルカリと、eBayを比較しながら、それぞれの特徴を炙り出していきたいと思います。

メルカリはどちらかというと新品よりも中古品を想定したマーケットになっており、この点ではeBayと共通します。また、創業が2013年であり、**パソコンよりもスマホ・アプリの利用を前提として、マーケットが設定されている側面が強く、とくに女性マーケットに強い点が特徴**です。その他、どのような相違点があるか、詳しく見ていきます。

メルカリをeBayや他のマーケットと比較した場合に見えてくる最大の特徴は、C2Cマーケットであるという点です。C2Cというのは、Consumer to Consumerを短縮した表現で、消費者から消費者に向けて販売するマーケットという意味です。

これに対して、B2CはBusiness to Consumerですから、業者から消費者への販売、そして、B2Bは業者間取引のことを意味します。

メルカリがC2Cであるということは、出品者に対してどのような影響があるのでしょうか？

この点、C2Cという特徴が出品者の実務に与える影響は、**外部システムを導入しにくい**、というデメリットとして現れてきます。

ネットでモノを販売していると、出品作業や、お客さんとのメッセージのやり取りなど、販売数が増えるほどに、作業量が増えてきますが、多くのネットショップは効率化のために、外部システムと連携して、自動化・効率化を図っています。

例えば、商品が売れたら、自動的に「ありがとうございます。云々」というメッセージを送ることで、お客さんへのフォローを行ってリピーター化したり、クレームを防ぐ努力をしているわけです。一般的には、このようなメッセージは、システムによって自動化されています。

ところが、**C2Cマーケットであるメルカリは、大量販売を前提にしていませんので、外部システムとの連携、そしてその先にある作業の効率化が難しいのです。**そこで、メッセージのやり取りは、1件1件手作業でやっている出品者が多いようです。

メッセージに限らず、出品についても手作業が前提になっています。以前私がeBayに出品している品物を、「メルカリに自動的に同時出品できないか」と、システム業者に相談したことがあったのですが、メルカリが「C2Cであることから難しい」という返事でした。

また、かつては外部システムからメルカリに自動出品していた出品者もいたようですが、聞くところによると、そのような出品者のアカウントの多くがサスペンドを受け、実質的に外部システムの連携が難しくなったようです。

以上は、出品者としてつまり販売市場としてメルカリに向き合う場合の話ですが、逆に、メルカリを仕入市場として使う場合にも、C2Cマーケットであることが大きな影響を与えます。

モノの売買においては、お客さんのほうが強く、売り手がやや下手に出る、という関係が日本では一般的かと思います。しかし、C2Cを特徴とするメルカリは個人対個人ですから、両者は対等です。メルカリでは、買う側だからといって、偉そうにしていると、後でネガティブな評価をつけられてしまいます。

この点、私自身の経験を紹介したいと思います。以前メルカリである品物を買ったのですが、たまたま仕事で忙しく、私からメルカリの出品者に対して、メッセージを何も送らない間に品物が届いたことがありました。

その後、私のほうでは何も問題がなかったと思い、メルカリの出品者に対して良い評価を残したのですが、その出品者は私に悪い評価を付けてきたのです。驚いて評価内容と理由を確認すると、買い手である私が「何もメッセージをくれなかったので、取引にするにあたって不安だった」ということでした。アマゾンやヤフオクなど、他のマーケットで買い物をする場合には、買い手の立場でこういった評価をもらうことはまずありません。

この経験は、メルカリというマーケットの特徴をよく表していると思います。メルカリを使うにあたっては、売る立場、買う立場、どちらであろうと、1件1件の取引を手作業で、相手の気持ちに配慮しながら、丁寧なメッセージをやり取りすることが大事だということです。時間効率、作業効率を上げにくいという特徴が見えてくるのではないでしょうか。

C2Cを切り口に、自動化という点でメルカリの特徴をお伝えしました。これに対し、eBayは、B2C、B2B、C2Cいずれにも対応する総合マーケットとして作られていますので、自動化については、さまざまに工夫され各種ツールが標準装備されています。
具体的には、先述したSell similar（類似出品）機能のほかに、いつ、どんな場合に、どんなメッセージを送信するかを、事前に設定するCommunication preference（メッセージ設定）という機能も使えます。

また、eBay用の外部システムとして有料販売されているシステムもさまざまにありますので、**出品者各位の利用目的に応じて選び、連携させることで、自動化・効率化を図ることができます。**

値引き要求が多い印象

さて、メルカリで売る場合を前提に、C2Cであることが出品者に与える重要な影響がもう1つあります。それは、値引き要求です。

メルカリの特徴はなんといっても安く買えるという点ですが、これはメルカリがC2Cマーケットであることから来ています。売り手が消費者であるということは、必ずしも営利を目的としていないということです。つまりメルカリは家財の不用品販売マーケットであるとも言えるのです。

このため、メルカリ内では、他のマーケットに比べて値引き相談が多くなっています。

不用品販売ですから、仕入値（購入価格）より安く販売しても、リサイクル料を払って処分するよりは良い、という考えのもとに売りに出される訳です。買い手もそれをわかっているのか、値引きの相談をする人が多い印象です。

以上からわかる通り、仕入値よりも高く売ろうとするには、やや不利なマーケットであると言わざるを得ません。もちろん仕入ノウハウによって、十分に安く仕入れておくことで、メルカリ販売から利益を得ている出品者もいますので、営利目的で販売はできないとは断言しません。しかし、**他のマーケットと比較すると、安売りマーケットであるという点は否めない**かとは思います。

この点、**eBayは必ずしも安売りに傾いたマーケットではありません。特に日本人にとっては、デフレ経済を逆手に取った内外価格差が活かせるマーケットです。**日本で安く仕入れて、海外（eBay）で高く売るという、売買モデルで成功している日本人出品者がたくさんいます。

C2Cが出品者に与えるメリット

C2Cという特徴によって、効率化が難しく、売値も安くなる、ということで、出品者としてメルカリに向き合うことについては、デメリットが多い記載になってしまいましたが、C2Cにもメリットはあります。それは、カスタマーサポートの対応に現れます。C2Cのメルカリでは売り手も買い手も対等ですから、カスタマーサポートもお客さん同様に、セラーを大事にする対応を取ってくれることが多いです。

他のマーケットでは、クレームなどのトラブルが発生して、カスタマーサポートに相談すると、どうしてもお客さん側に有利な対応が多くなる傾向が強いです。そこで、出品者にとっては弱い立場を痛感することが一般的です。

しかし、**メルカリでは出品者も個人であることが前提なので、公平な対応をいただくことが多く、こうした対応に感動すら覚えます**。メルカリは2013年創業ということで、IT企業としては後発組ですが、楽天（ラクマ）やヤフオク（フリマ機能等）が見習うほど、マーケットに確たる地位を短期間で得るに至りました。その成功の背後にはC2Cに特化するという、他のマーケットにないコンセプトを大事にしたことがあると思われます。

なお、eBayのカスタマーサポートは、他の一般的なマーケットと同様、お客さん有利な回答になるケースが多いです。しかし、明らかにお客さん側に過失があるという場合には、しっかりと出品者を保護してくれます。

例えば、越境ECにおいては、輸入国側で関税や付加価値税（日本の消費税に該当）が徴収されますが、それらはeBayでは輸入する側（お客さん側）の責任で支払うことにな

第3章

っています。

しかし、関税を想定せずに購入したお客さんが、商品受領時に関税の支払いを求められて感情的になり、ネガティブな評価を残すことも、たまに見受けられます。こうした場合にカスタマーサポートに相談すると、ネガティブな評価を消してくれるなど、出品者を保護する対応を取ってくれるケースもあります。

出品者が、カスタマーサポートを味方につけるには、ｅＢａｙのルールに従った取引を心がけることがポイントで、そのための知識を蓄えておくことが、秘訣になります。

以上、Ｃ２Ｃというメルカリの特徴から、自動化・効率化がしにくいこと、高値売りがしにくいこと、カスタマーサポートが中立的であることを取り上げながら、ｅＢａｙとの比較を行ってきました。

なお、在庫に投下した資金を早く回収したい場合には、ｅＢａｙと並行してメルカリで並売して販路を増やしておくという選択肢を残しておくということも判断としてありうるかと思います。とくに、ｅＢａｙで高値売りができるような希少価値あるビンテージ品は、ｅＢａｙほどではないにしても、メルカリでも高く売れることもあります。

3 ヤフオクvs eBay

出品者有利という珍しい市場システム

次は、ヤフオクとeBayの比較です。ヤフオクも、メルカリやeBay同様、中古品に強いマーケットです。メルカリとの対比では、**どちらかというと男性マーケットに強いショッピング・サイトですし、メルカリと違って、リサイクル・ショップなど、業者による出品も多いため、品数は大変豊富**です。国内の中古品のマーケットとしては、目を離せない主要なポジションを確立しています。またヤフオクは、オークション販売が使えるという点では、eBayと共通します。

中古品やオークション販売という共通点からは、**すでにヤフオクでの販売経験がある出品者は、同じ商品をeBayで並売することで販売促進ができるなど、eBay参入のメリットが大きくなります。**

しかし、eBayはヤフオクとは大きく異なる点がいくつかありますので、両者の違いを意識せずに取り組むことは危険です。ヤフオクと同じ感覚でｅＢａｙを始める出品者の中には、カルチャーの違いを知らずに販売を始めたことで、知らず知らずに、各種のルール違反を犯し、ＩＤのサスペンドなどペナルティを受ける人も散見されます。そこで、両者の違いをよくよく把握しながら取り組んでいただくと良いかと思います。

まずヤフオクとｅＢａｙとの相違点として一番大きいところは、**ヤフオクが出品者優位の市場**であるという点です。象徴的には、商品説明に「ノークレーム・ノーリターンでお願いします」という記載がされることが多くあります。これは「不良品だったとしても、返品やクレームは受け付けません」という出品者の意思表示です。それでもよければ、買ってもらって結構です、という強気の販売姿勢を表しています。

商品説明が十分でない不良品であった場合には、返品に応じてくれる誠実で良心的な出品者が大部分ですが、中にはそうではない出品者も一部いるわけです。この背景には、クレーム発生時に、事務局が積極的に介入しないことが要因としてあるようです。

また、お客さんからの返金依頼を断ることはしないまでも、返品・返金後に、お客さん都合のキャンセルという形で、クレーム処理を終結する出品者もいます。お客さん都合のキャンセルをした場合、お客さん側に悪い評価が残ってしまうシステムになっているので、お客さん側でもキャンセルを躊躇することになってしまいます。

以上のように、出品者に有利な制度設計が多く、一部出品者の強気な販売姿勢を形成する要因となっています。

このため、返金依頼を断わったり、カスタマーケアの中で、強気のやり取り（メッセージ）を習慣化している出品者が、そのカルチャーのままでeBayに参加すると、大変リスキーです。そこで、**eBayのクレーム処理のルールを理解していることが、身を守ることに繋がります。**

eBayのクレーム処理の流れ

eBayでは、お客さんからクレームが来た場合、第1段階としては出品者がしっかり対応することが求められるルールになっています。それで解決しない場合は、第2段階として、お客さんはeBayの事務局（カスタマーサポート）に助けを求めることができ、これをエスカレーションといいます。このエスカレーションの段階では、改めて出品者にクレーム対応が求められ、事務局監視の下で、その対応（メッセージのやり取り）の記録が残されます。

エスカレーションされても解決しない場合には、第3段階として最終的に事務局判定になります。事務局からクレーム解決の道筋として、返品後の返金や、返品無しの返金などの対処方法が、指示されます。

そして、ここがもっとも大事なことですが、**事務局による裁定でクレーム処理されたという記録は、出品者としての成績表（セラーダッシュボードといいます）に減点が記録されます。一定点数以上の減点が貯まると、さまざまなペナルティ**が科されます。最悪の場合は、IDのサスペンドになり、遂にはeBayでの販売活動が継続できなくなります。日本の自動車運転免許の減点制度をイメージしていただくとわかりやすいかと思います。

このようなカスタマーケアをしっかりやることが求められるのはeBayだけではなく、メルカリやアマゾンでも同様ですが、ヤフオクではその点がやや出品者優位の設計になっているということは、意識しておいていいかと思います。

ヤフオクと比較するとeBayは厳しく見えるかもしれませんが、それはeBayが世界中からたくさんのお客さんを集め、信頼を維持するために必要なことです。こうした信頼があるから、隠れた不具合があるかもしれない中古品や、高額なビンテージ品であっても、お客さんが安心してeBayで買い物ができるわけです。**出品者にとっては、厳しい仕組みですが、回りまわって顧客増という形で出品者にメリットが還元されています**ので、そうした大局的な理解をしておきたいところです。

ヤフオク評価システムの厳しさ

前項では、ｅＢａｙとの比較において、ヤフオクが出品者にとって有利な市場だと読めたかもしれませんが、必ずしもそれだけではありません。それは、評価制度に現れます。

ヤフオクに限らず、多くのマーケット・プレイスでは、取引をした当事者が相互に評価しあう仕組みがあり、それが第三者、特に潜在的なお客さんに公開されます。悪い評価が蓄積されると、出品者としての信頼が失われ、長い目で見て売れ行き不振から撤退を余儀なくされます。こうした安全弁が、評価制度という形で各マーケットにはついています。

この評価制度も、それぞれのマーケットごとに微妙な違いがあり、カルチャーの違いを生み出す要因となっています。

ヤフオクの評価制度の特徴は、悪い評価コメントが永続的に残ることと、悪い評価がどんなに古くても、その抽出がとても簡単にできてしまうことの2点です。

ヤフオクの評価は悪いものであれ、良いものであれ、そのＩＤを利用し続ける限り公開され続けます。その結果、慎重なお客さんは、過去の古い評価内容を見て、現在その出品者と取引を行うかどうかを決めているのです。

経験が浅いときには、誰でもミスをしますから、多少悪い評価が付くこともありますが、取引回数を重ねて、経験を積むことで徐々に評価も安定してきます。ところが、古い評価の中に、厳しい内容のコメントが残ると、それが後々までお客さんの購買判断に響きます。**ヤフオクでは、悪い評価だけを抽出して表示させる機能があるため、何年も前の評価まで、現在の取引の判断材料にされる場合があります。**これは大変厳しい評価システムです。

ヤフオクが出品者優位なマーケットであることは前述した通りですが、そのメリットの裏側には、評価制度という形で、マーケットの信頼性を担保しようとする厳しい仕組みがあるわけです。

ｅＢａｙの出品者評価システム

他方で、ｅＢａｙの評価システムでは、悪い評価（ネガティブ・フィードバック）だけを抽出する機能はあるのですが、その抽出対象は、直近12か月前までに限定されています。それ以前の古い評価は、抽出対象から外れます。

また、ｅＢａｙでもヤフオクと同様に、良い評価の割合がパーセンテージで表示されます。良い評価の割合が１００％に近いほど、誠実な出品者だということです。そのパーセンテージの集計対象も12か月前までなので、直近12か月で悪い評価がなければ、それ以前に悪い評価があったとしても、良い評価の割合を１００％と表示させることができます。

誠実な取引をしていれば、あとは経験に応じて失敗も減り、良い評価の割合が増えます。**悪い評価の集計対象を12か月以内に限定するeBayの評価システムは、大変フェア**なものです。

なお、評価ページを何ページもめくっていけば、悪い評価とそのコメントは公開記録として見られますが、そこまで手間をかけて出品者の過去の評価を探るお客さんは、あまり多くないと思われます。

入札自動延長システム

ヤフオクとeBayを比較して、もう1つ特徴的な点があります。それは、入札の自動延長システムです。ヤフオクとeBayは、どちらもオークション販売と、即決販売が可能である点で共通しますが、その仕組みも微妙に異なっています。

自動延長システムというのは、ヤフオクでオークション販売する際に出品者が使う機能で、オークション終了予定時刻の直前5分以内に入札があると、終了予定時刻が、さらに5分延長される仕組みです。この延長された5分間の間に、他のお客さんの目に留まり、追加入札が繰り返される結果、入札最高額がドンドン更新されて競り上がっていきます。

終了予定前5分間に入札がなくなるまで、自動延長は繰り返されます。時には1時間以上延長するケースもあります。この仕組みによってヤフオクでは、高く売れる仕組みになっているわけです。オークション販売する場合は、大半の出品者が自動延長の設定をONにして販売します。

ところが、eBayでは自動延長システムが存在しないのです。この点を意識せずに、eBayでオークション販売してしまうと、ヤフオクほどには入札額が競り上がらず、思ったほど高値で売れません。

eBayは、ヤフオクとは逆に、お客さん優位のマーケットとして設計されています。終了予定時刻が予想できない点でもお客さんにとって便利ではありませんから、自動延長システムは採用されていないのだと思われます。

その結果、**安く買えるマーケットとしてお客さんの期待が高まり、eBayの集客力に繋がっています**。その結果、出品者としては、マーケットの規模拡大という形で間接的なメリットを享受していることになります。

また、出品者がeBayで高く売りたい場合には、オークション販売よりも即決販売（Buy it now）という出品形態で商品を陳列することが一般的です。オークション販売に比べると、販売できる時期がわからないため、資金回転は鈍りますが、オークションのように安値で売れてしまうことを防ぐことができます。

4 eBay vs他の主要マーケット

セリング・リミットという特有の制度

前節までは、アマゾン、メルカリ、ヤフオクそれぞれの特徴を取り上げながら、eBayと比較してきましたが、ここでは、ほかのマーケットにはないeBayの特徴を挙げて、その魅力を探っていきたいと思います。

セリング・リミットというのは、出品数と出品金額の上限のことです。eBayにはじめて取り組む出品者には、通常10品500ドルというセリング・リミットが割り当てられ、この範囲内でしか出品・商品陳列ができないルールとなっています。

もちろん、10品しか品物を並べられないのでは、販売活動としては規模が限定されてしまうので、出品者にとっても困りますし、eBayにとってても品ぞろえが増えにくい点でデメリットが生じます。そこで、初出品から30日以上経過した後で、一定の手続きを取ると、セリング・リミットを順次拡大することが可能になっています。これをeBayでは、リミット・アップと呼びます。

最初からたくさんの商品を並べれば、それだけたくさん売れやすくなるのに、なぜeBayはセリング・リミットという制度を導入しているのでしょうか？

理由としては、出品者としての練習期間として使うことが意図されているようです。品物がいったん販売され、入金されると、出品者は数日以内に商品を発送しなければなりません。eBayは国際取引を前提に設計されたマーケットですから、海外に品物を発送することに慣れていないと、出荷プロセスにおいて出品者は混乱してしまいます。

また、梱包作業はもちろん、ときには注文後にお客さんから出荷についての相談が入り、個別のカスタマーケアが必要になることがあります。さらに、海外発送するための必要書類を作ったりと、販売後にやることは、あれこれあるわけです。

そうしたルーティン作業に慣れるための「仮免許期間」「練習期間」が10品500ドルというセリング・リミットの目的です。この期間で作業に慣れてもらい、その後リミット・アップによって、販売活動が本格化した際には、スムーズな作業で、お客さんに気持ちの良い取引を提供してあげてほしい、というeBayから出品者に対する期待が込められています。

もう1つの理由は、eBayが中古品やビンテージ品に強いマーケットであることと関係しています。中古品は、当然のことながら、新品と比較して痛みや不具合があるケースがあります。そうした商品は、商品説明を丁寧に書く必要があるなど、販売にあたって、一定の配慮が求められます。

中には、こうした配慮に無頓着で、お客さんに迷惑をかける出品者もいるため、10品500ドルという練習期間で、出品者が不適切な販売活動をしていないかどうか、チェックされているという側面もあります。

初出品から30日以上経過すると、リミット・アップの手続きの一環として、それまでの販売活動が審査されますので、この期間中は特に意識して、丁寧な販売活動を心がけたいところです。

このような目的があるセリング・リミットですが、出品者の立場からすると、正直なところ面倒な印象を持たれるのではないでしょうか。しかしこの仕組みによって、不適切な販売方法をとる出品者が、たくさんの品物を陳列・販売して、**お客さんに迷惑をかけることを防いでいます。その結果、eBayに対する信頼が高まり、今日のように世界中から、品物を求めるお客さんがeBayにたくさん集まってきているわけです。**

また、この仕組みによって、過当競争が防がれているという側面もあります。あまりにも出品者が増えて、価格競争が行き過ぎると、出品者にとって、マーケットの魅力が薄れてきますが、これを防ぐ機能をセリング・リミットが果たしているわけですから、出品者にとってもセリング・リミットは恩恵ある仕組みになっているわけです。

消費税還付制度と即日回収可能な売上代金

日本のアマゾン、メルカリ、ヤフオクでの販売は、いずれも国内販売ですが、それに対してeBayでの販売は、基本的には海外輸出になります（たまに日本からも注文が入りますが、日本から海外のサイトで商品を探す人がいるほど、ヴィンテージ品に対する需要が高いということです）。第1章でお伝えした通り海外販売する場合には、一定の手続きを経て、消費税が還付される仕組みがあります。本章で紹介したeBay以外の主要マーケットは、いずれも国内販売マーケットですので、消費税還付制度はなく、むしろ一定額以上の売上が生じると消費税の納税義務が生まれます。**税金を払うことと、還付されることとでは、大きな違いです。消費税還付は他のマーケットにはないeBayでの販売の特徴です。**

なお、消費税還付については、事前事後の届け出・申告の条件がありますので、詳細は税理士に相談することをお勧めします。

さらに、eBayの特徴として外せないのが売上代金の回収期間です。他の主要マーケットにおいては、売上代金は、お客さんからの入金後、一定期間が経過しないと、出品者の個人口座には振り込まれません。

例えば、メルカリやヤフオクではお客さんが受取確認の操作をした後でないと、売上代金の引き出し（振込）申請ができませんので、商品の発送、到着、受取確認という一連の流れで数日間かかり、それだけ代金回収が遅くなります。アマゾンでも、売上代金を出品者に振り込むのは、2週間に1度の頻度で、さらに売上代金の一部が引当金としてアマゾン側に留保されます。ところが、eBayの売上代金は、実務上は早ければ売上の当日から翌日には、出品者が保有する日本の銀行口座に着金します（eBayの決済代金を保管するペイパルの画面上は、3から6営業日と、建前上表示されていますが、現時点の実務上は、上記の日数で非常に迅速に着金しています）。

売上代金が早く回収できるということは、それだけ早く出品者が次の仕入活動に入れますので、資金回転・事業効率が非常に良くなります。これは、他のマーケットにないeBayの特徴です。

以上、他のマーケットと比較してeBayが持つ際立った特徴を3つほどご紹介してきました。他のマーケットでご経験ある方は、eBayとの違いを理解いただき、販売活動に活かしていただければと思います。また、ネットでの販売経験がない方には、今回お読みいただいたさまざまな比較ポイントを知ることで、販売活動のイメージを明確にする情報になったのではないでしょうか。

楽天と米国アマゾンについて

以上、日本アマゾン、メルカリ、ヤフオクの特徴と、それに対するeBayの比較を取り上げてきましたが、このほかの主要マーケットとして、楽天と米国アマゾンがあります。

楽天は最低出店料が月額1万9500円で年間一括払いであり、スタート時に23万4000円（税抜）を一括支払することが求められます。

米国アマゾンは、eBay同様輸出マーケットとして魅力的ではありますが、その特徴として返品率が比較的高いこと、特に米国アマゾンの発送代行システム（FBA）を使う場合には、返品された商品を日本に直送できません。そこで、返品された商品を米国内で受け取る拠点が必要になります。

以上の点で、楽天や米国アマゾンは、ここで挙げた他のマーケットに比較して、個人が取り組むには、ややハードルが高いと思われるため、本書では割愛しています。

次章では、いよいよ「安く仕入れて高く売る」ための、仕入ノウハウについて、解説していきます。

第4章

私の実践！とっておきの商品仕入れ術

1 売れる商品を探し出すリサーチ方法

新品VS中古

本章では、初心者でも個人貿易で使える仕入ノウハウについてお伝えしていきます。海外でどんな条件を満たす商品が人気なのか？　そして、それをどのようにして安く仕入れるのかなど、個人貿易を実践するための核心的な情報になります。

最初は何を仕入れるかという商品の選択に関する考え方からです。

まず、商品は大きく新品と中古品に分かれますが、それぞれのメリットとデメリットを把握しながら、どちらに主軸を置くかを決定していきます。

新品のメリットは、検品や清掃の手間が軽いという点です。中古品と異なり、使われたものではありませんので、不良品や使用感のあるものが少ないからです。

デメリットは、安い仕入れが難しいという点です。どこの国内販売店も競争環境に置かれていますので、可能な限り競争力ある価格で売り出しています。そのため、どこで買っても似たような値段（仕入れ値）となります。そして、**新品はどれも同じ状態ですから、販売する段階において、価格以外に差別化の要素がありません**。個人貿易をしている競合のeBay出品者も、同じような値段で仕入れていますので、結果的に、販売時に価格競争に陥りやすく、利幅が残りにくいというデメリットが生じます。

新品を安く仕入れているeBay出品者の中には、卸業者から仕入れている人もいます。しかし、卸業者と取引するには、個別の取引依頼、つまり営業活動が必要になりますし、それは昼間の時間帯にやるものですから、会社員など、他に仕事をしている人には、難しいと思われます。

このほか、新品には価格下落のリスクが高いという点もあります。特に大手メーカーの商品は、一定期間ごとにモデルチェンジをしていきますが、そのタイミングで売値が大きく下がります。新品はもともと利幅が薄いので、さらに売値が下落していったら、赤字になってしまいます。

以上のように、個人のeBay出品者が新品を趣味や副業で扱うのは、ハードルの高い取り組みになります。本業の付き合いなどで仕入れルートを確保されている方向けの販売スタイルになるかと思われます。

他方で中古品のメリット・デメリットはどうでしょうか？　前述したように中古品には

不良品リスクや、使用感のある品物があります。しかし、そのようなデメリットを上回るメリットが中古品にはあるのです。

それは、格安の仕入れができるということです。なぜ、中古品は格安仕入れがしやすいのか？　それは単に新品と比べて安くなる、という単純なことだけではありません。

というのも中古品を売りに出す理由は、営利目的とは限らないからです。例えば、「使わなくなったのに家においてあるとゴミになるので売りたい」「ゴミとして出すのに、リサイクル料を払うくらいなら、安くてもいいので売ってしまいたい」さらには、「新しいモデルに買い替えるので購入資金に充てたい」「とにかく今すぐお金が必要」など、中古品を販売する理由は、さまざまです。

このほか、売り手が商品の価値をよく知らないということもあります。例えば、ご主人がコレクションしていた品物を、その価値を知らない奥様が処分してしまうようなケースです。

このように、**売却の背景がさまざまにあることで、中古品は、相場から極端に離れた格安価格で売りに出ることが多く、これが買う側にとっては、格安仕入れのチャンスになるのです。**

また、特にコレクターや、特定ブランドの熱狂的なファンがいる商品の場合は、中古品

ヤフオクと eBay の販売実績

一眼レフ > マニュアルフォーカス > ニコン

NIKON ニコン FM3A 黒 ブラック 付属品 箱 あり

落札 **75,000円** 開始 50,00

入札 1 終了日時 11/09 10:26

一眼レフ > マニュアルフォーカス > ニコン

【外観良品】 Nikon ニコン 一眼レフフィルムカメラ FM3A ブラックボディ 元箱付き □ 5CFD1-1

落札 **71,001円** 開始 1,000

入札 15 終了日時 09/13 22:49

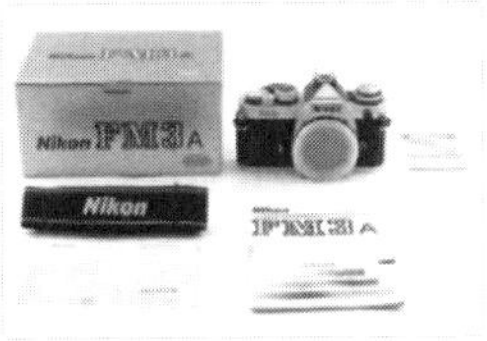

Sold Nov 22, 2020

【ALMOST UNUSED in Box】 Nikon FM3A Silver Body from JAPAN 392

Pre-Owned

JPY 103,519
Buy It Now
+JPY 5,176 shipping
Free returns
View similar active items

Nov-22 14:49
Top Rated Seller
From Japan

Sold Dec 14, 2020

[MINT in BOX] Nikon FM3A Silver 35mm SLR Filr
JAPAN

Pre-Owned

JPY 103,519
Buy It Now
+JPY 4,657 shipping
Free returns
View similar active items

Dec-14 11:44
Top Rated Seller
From Japan

が新品価格を上回ることもあります。さらに、すでに生産が終了したモデルは、新品が手に入らずに、中古品を買うことになるのですが、流通量が少なく希少価値が生じている場合は、仕入れ値より高く売れることが、頻繁にあります。

例えば、Ｎｉｋｏｎ ＦＭ３Ａというフィルムカメラがありますが、執筆時点で販売実績を調べると、ヤフオクで７万円台、ｅＢａｙでは10万円台です。このような価格差が見込めるのは中古品の大きなメリットになります。

以上の通り、初心者の段階で個人がｅＢａｙ出品に取り組むなら、中古品を扱うことがおススメです。以後、本書の仕入れノウハウは、原則として中古品を前提にお伝えしていきます。

売れやすく、利幅が得やすい商品の２つの特徴

次に、中古品の中でも特に売りやすく、利幅が得やすい商品は、一般的にどのような特徴があるのか、解説していきます。

結論的には、**「大手メーカー（または有名ブランド）の商品で、かつ流通量が多い」**という、２つの特徴がある商品です。

まず前者の大手メーカーまたは有名ブランドである点ですが、これはネットで販売する上で、非常に重要なポイントになります。ネットショッピングにおいて、お客さんが商品を探すときは、必ず検索キーワードを入力して、ほしい品物を探し始めます。

メーカー名やモデル名、そして型番など、検索キーワードが具体的であればあるほど、お客さんが探している商品モデルが明確化されていて、「ほしい」という気持ちが強いのです。キーワードが明確であるということは、お客さんが事前に下調べしているからです。

ところが、お客さんが知らないメーカーの場合は、検索キーワードが思い浮ばず、検索されませんので、お客さんがネット上で商品に出会うことができないことになるのです。このため、お客さんが商品名、モデル名、メーカー名などを知っているということが、とても重要なのです。

例えば、カメラを買おうとするならＣａｎｏｎやＮｉｋｏｎというキーワードが、お客さんの頭に真っ先に浮かでしょう。ゲームならＮｉｎｔｅｎｄｏやＳｏｎｙとか、その商品ブランドであるＰｌａｙ ｓｔａｔｉｏｎというキーワードが出てきます。これらのメーカーやブランドを知らずにカメラやゲームを買おうとする人はおそらくいないでしょう。

このように、ネット販売するうえではお客さんがどのようなキーワードで検索して、商品を探すか？　という視点が、大変重要です。大手メーカーや有名ブランドの商品は、お客さんが、キーワードをよく知っていますので、皆さんが品物を出品したときに、検索を通じてお客さんから、指名買いを受けるチャンスが増えるのです。このような観点から、何を売るかを考えてみるとよいでしょう。

２つ目の特徴である、流通量についてですが、これは市場に同じモデルの品物がたくさん流通していて、手に入りやすいということです。**流通量が多ければ、仕入れのチャンスが多くなります**。

また、流通量が多い商品は、その商品の販売者も多くなるので、価格競争が起きて価格の下落圧力が強くなり、安い仕入れがしやすくなります。仕入れ機会が増えるだけでなく、仕入れ値も下がるので、一石二鳥の効果があるのです。

この点、１つ目の特徴である大手企業の商品であれば、たいていは大量生産されていますので、流通量も多くなる傾向があります。しかし、前項で工芸品でも著名作家の場合は高く売れやすいとお伝えしましたが、著名作家の場合は、個人の生産能力の限界から、流通量が増えないことが一般的ですので、初心者にはハードルが高い商品ジャンルになります。

特に初心者のうちは、流通量の少ないレアものばかりを狙っていると、練習量をこなせません。この点からも、ｅＢａｙを始めてから慣れてくるまでは、レアものは狙わずに、大量生産される一般的な中古品で価格差が得られるものを探すことをお勧めします。

趣味の棚卸から稼げるジャンルを探し出す

どんな商品を扱うかを考え始めると、かならず悩み始めるのが、趣味で好きな商品を扱うか、それともビジネスライクに、価格差が得やすく稼げる商品を扱うか、という点です。

両者が一致している場合には、問題もありませんが、そうでない場合は、どうするか。好きな商品があっても、それがｅＢａｙ輸出には向かないこともあります。そんな場合の対処法を2つ紹介しましょう。

例えばカメラは稼げるジャンルの1つですが、カメラに興味がない人や、資金的な都合で、そのジャンルを即座に始められない場合はどうするか？　この場合、その周辺ジャンルに興味を持てるところがないか、探します。

私の場合、資金的な都合から、最初はカメラには手を出さずに、低単価で仕入れができる写真を売ることを考えました。特に日本の明治時代から大正・戦前期昭和時代に撮影された、プリントされた古い写真がｅＢａｙで高値がついていたので、売ってみようと思ったのです。

また、その思考を延長して、他にカメラや写真に関連するものはないかと探す中で見つけたのが、映画雑誌でした。表紙に有名女優の大きな写真が映っている映画雑誌は、その女優の熱烈なファンがコレクターとして世界中に存在していますし、その女優名が集客力ある検索ワードとしても優れています。つまり女優名がブランド化しているわけです。

例えば私の場合、オードリー・ヘップバーンや、マリリン・モンローが表紙を飾っていた1950年代、60年代の映画雑誌を扱うことで、初期のeBay経験を積んでいきました。要は、**売れるジャンルをスタート地点として連想ゲームを始め、好きになれそうで、かつ稼げるジャンルをリストアップしていく方法**です。なお、スタート地点を好きなジャンルにしても、同じことです。

私自身がカメラに興味を持ったのは、実をいうと映画がきっかけでした。映画を見ているとTVドラマとは明らかに映像の美しさ、心に広がる映像美が違います。その違いがどこから来るのかを知りたくて、カメラやレンズの構造、フィルムサイズに興味を持ち始めたのがきっかけでした。こうした周辺ジャンルを当たっていくリストアップは、趣味の棚卸といってもいいと思います。

もう1つの方法は、ビジネスライクに稼げる商品からスタートする方法です。皆さんも会社に就職したときや、配置転換後のことを思い出すとわかりやすいかと思いますが、割り当てられた仕事が必ずしも好きではなかった経験はないでしょうか。

しかし最初は嫌でも、やっているうちに好きになるということは往々にしてあります。特に、その仕事への知識量が増えてくると、「なるほど、そういうことか」と知的好奇心も満たされ、もっと知りたくなったり、経験量が増えることで、気づかなかった面白さを発見することがあります。

私自身の例でいえば、写真や映像の美しさには興味があったものの、当初は機材としてのカメラにはあまり興味がなかったのです。しかし、eBayでカメラを売り始めてしばらくたつと、フィルムカメラが持つ造形美に心惹かれるようになりました。

よくよく調べてみたところ、有名な自動車デザイナーのジウジアーロが、ニコンF3のデザインをしていることがわかり、直線的でエッジの活きたデザイン性に心躍る思いがしたことがあります。一生懸命やる中で、こうした発見と経験が積み重なり、徐々に好きな品物の対象が広がっていきます。これはこれで趣味の対象が広がり、人生が豊かになる瞬間でもあります。同様の例として、第2章で紹介したYIさんのケースも参考になります。

規制ジャンルは避ける

なお、eBayで何を売るかという話として、逆の観点から「売ってはいけない」ものは何かという点を把握しておくことも大事です。

この点で重要なのは、eBayと郵便局（およびその他の運送会社）の規制です。eBay側では出品できるかどうか、郵便局側では売れた後でお客さんに届けられるかどうか、という点に関わるからです。

eBayでは危険物、アダルト系商品、アルコール類、麻薬類、ペットなどの生き物が禁止または規制されています（詳細はeBayのヘルプページを参照。https://www.ebay.com/help/policies/prohibited-restricted-items/prohibited-restricted-items？id=4207）

郵便局側でも、おおむね同様の商品ジャンルが郵送禁止物品とされています（https://www.post.japanpost.jp/int/use/restriction/）。

ある商品が禁止されているかどうかは、規約を細かく見ていくと大変です。そこで実務上は、他の日本人のeBay出品者の販売実績が多くあるかどうかという点で判断します。こうすることで規約を調べる手間を軽減できます。特に評価数が多く経験豊富な出品者の販売実績として、該当商品があれば、過去に郵便局等で国際輸送できたということが検証できます。

3ステップ・ライバルセラー・リサーチ術

さらに、競合となる他の日本人出品者が何を売っているかを調べることは、大変重要です。前項でお伝えした禁止品に該当するかという点だけでなく、eBayで売れている日本製品が何か、それがいくらで売れているかという点も、併せて調べることもできるからです。経験豊富な出品者は、長く継続できている、つまりよく売れているということですから、それに倣うのは重要なことです。

ここでは、他の日本人が何を売っているかを調べる方法を紹介します。調べる流れは、大きくは、以下の3ステップです（表示はパソコン画面を前提にしています。以下同様）。

ステップⅠ　出品者情報の表示ができるように事前設定する
ステップⅡ　日本人出品者の販売実績がある商品リストを表示させる
ステップⅢ　評価数の多い出品者が何を売っているかを表示させる

まずは、ステップⅠとして、出品者情報の表示に関する事前設定から説明していきます。

❶eBayのトップページ（ebay.com）の検索窓に japan と入力して、Search ボタンをクリックします。

❷画面上部View右横のプルダウンメニューから Customize を選択します。

❸Seller information、Shipping cost、Picture にチェックを入れて、Apply changes をクリックします

以上の結果、検索結果画面の商品リスト上それぞれに、出品者IDと評価数、出品者の所在国が表示されます。この情報を見ることで、経験豊富な日本人出品者かどうかが識別できます。

上の画像は、出品者の所在国が、たまたまオーストラリアでしたが、皆さんのパソコン画面上では、他国出品者の商品も掲載されているはずです。そして、次の第2ステップで、日本人出品者の商品だけが表示されるように、詳細検索（Advanced Research）で絞り込んで行きます。

❶

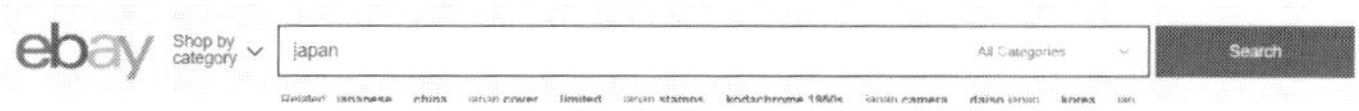
ebay
Shop by category
japan
All Categories
Search

❷

All Listings
Auction
Buy It Now
Sort:
End Date: recent first
View:
194,672 results for japan
Save this search
Located in Japan
Sold listings
Clear All
Gallery view
Customize...

❸

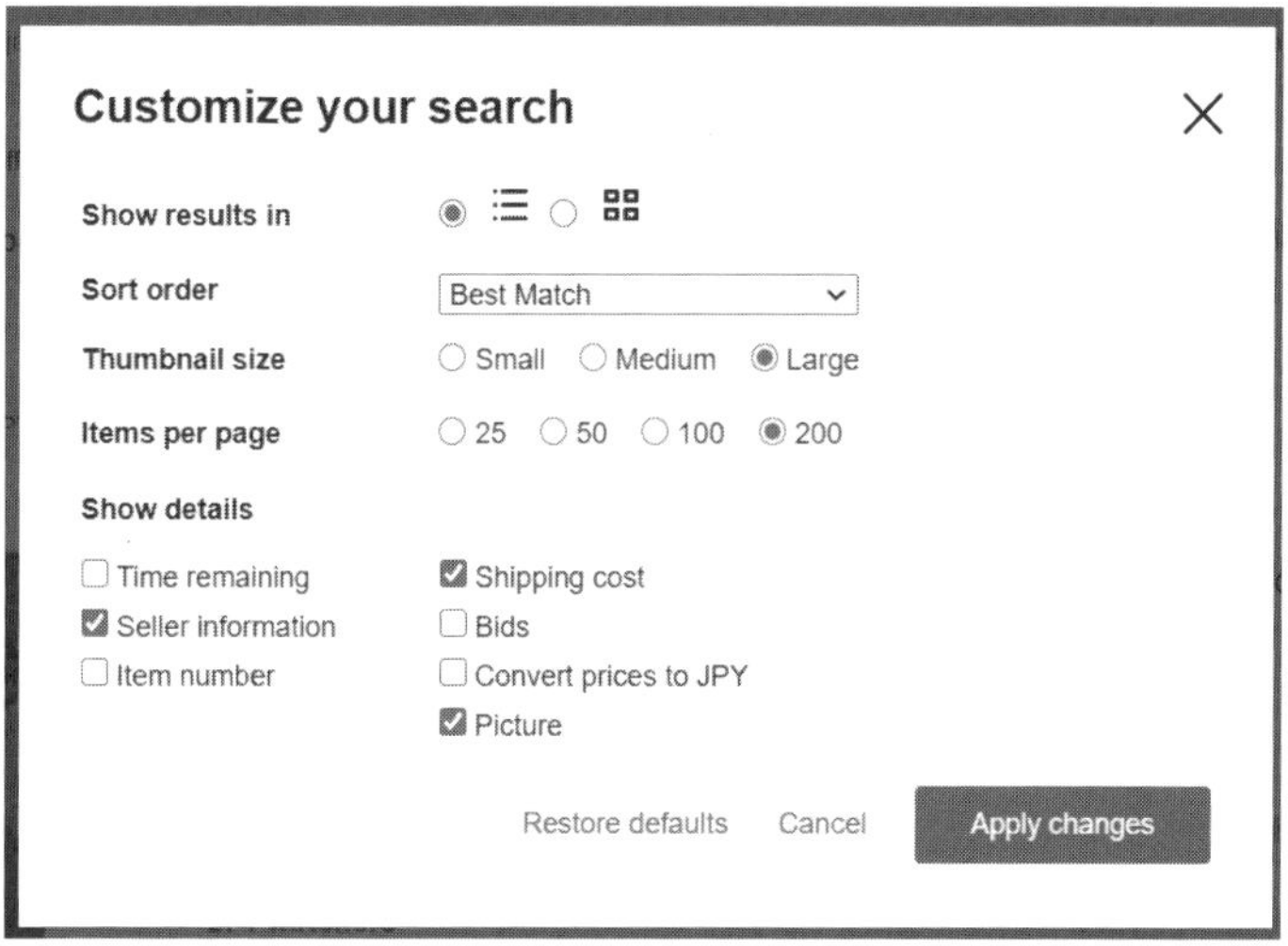
Customize your search
Show results in
Sort order
Best Match
Thumbnail size
Small
Medium
Large
Items per page
25
50
100
200
Show details
Time remaining
Seller information
Item number
Shipping cost
Bids
Convert prices to JPY
Picture
Restore defaults
Cancel
Apply changes

日本人出品者の販売実績ある商品リストを表示させる

❹前述したステップIの画面上部にある、青い Search ボタン右側の Advanced をクリックします。

❺ Advanced Search という見出しの画面を、少し下にスクロールして、Sold listings（販売済商品）にチェックマークを入れます。

❻さらに下方向にスクロールして Location というセクション内で、ラジオボタン Located in をクリックして、さらにプルダウンメニューから Japan を選択します。

❼その後、画面最下部の Search ボタンをクリックします。

以上の流れで操作すると、**日本人出品者の販売済み商品だけが掲載された商品が検索され、画面にリスト表示されます。特に価格が緑色であ**

❹

Cameras & Photo
Search
Advanced

❺

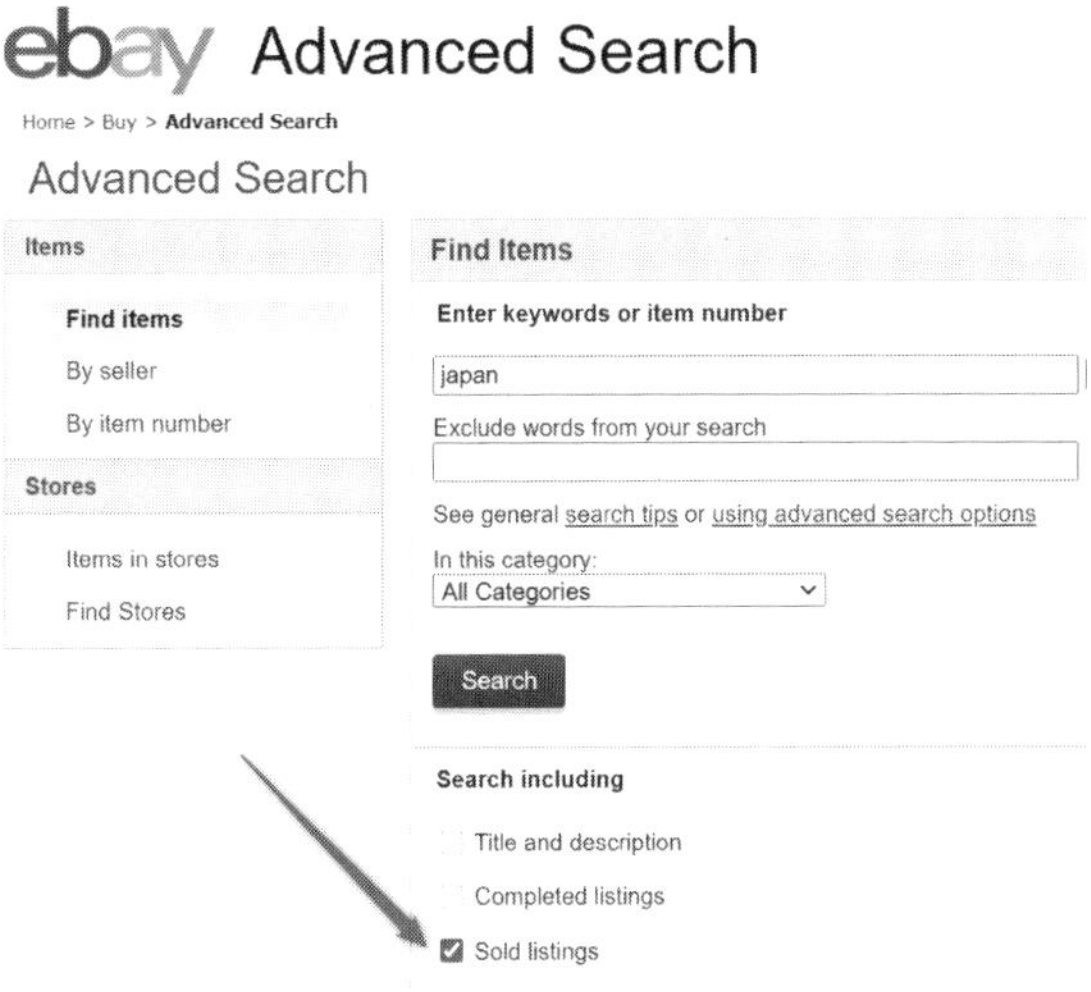
ebay Advanced Search
Home > Buy > Advanced Search
Advanced Search
Items
Find items
By seller
By item number
Stores
Items in stores
Find Stores
Find Items
Enter keywords or item number
japan
Exclude words from your search
See general search tips or using advanced search options
In this category:
All Categories
Search
Search including
Title and description
Completed listings
Sold listings

❻

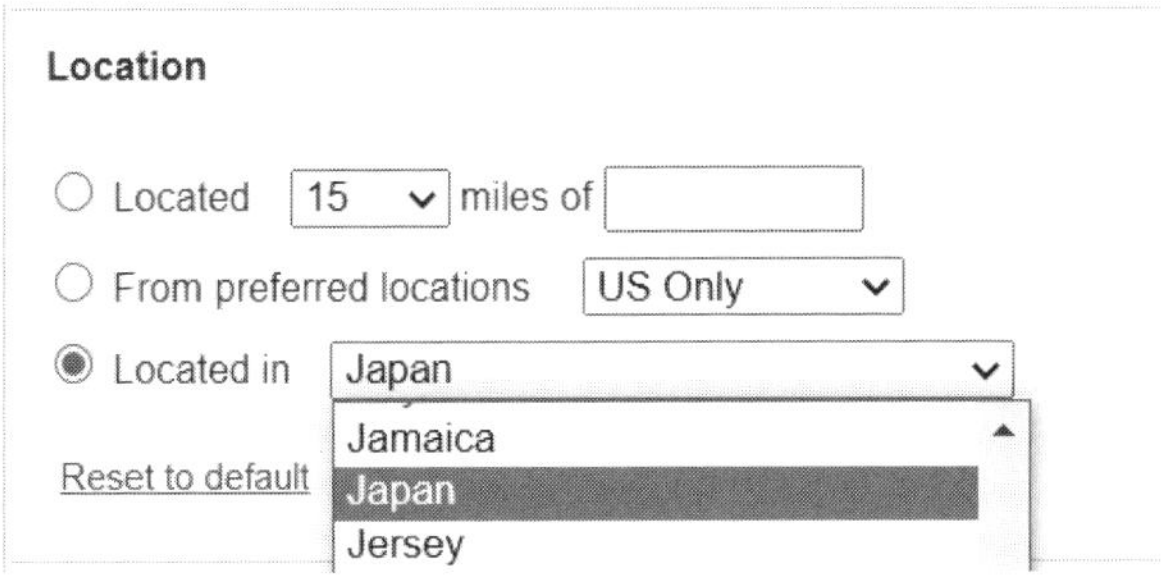
Location
Located 15 miles of
From preferred locations US Only
Located in Japan
Jamaica
Japan
Jersey
Reset to default

ることを確認してください。緑色の価格は、販売済みの商品の売値なので、実績値という点で信頼性が高い値です。なお、黒色の価格が販売中の商品です。

評価数の多い出品者が何を売っているかを表示させる

ここからは、ステップⅢの説明に入ります。

❽左記の画像で表示される検索結果画面左側にあるUsed欄にチェックを入れて、中古品だけがリスト表示されるように絞り込みます。画面左側のフィルターを選ぶことで、カテゴリーや価格帯も限定して絞り込むことができます。

❾右記画像に表示される検索結果画面で、500件以上の評価数の多い出品者の商品タイトルをクリックして、その商品の画面を見てみます。

❿右画面の Seller's other items をクリックして、この出品者がほかに販売している品物を見てみます。すると、この出品者が取り扱っている商品ジャンルや、メーカー、モデル、販売価格など、さまざまな情報を調べることができます。

❽

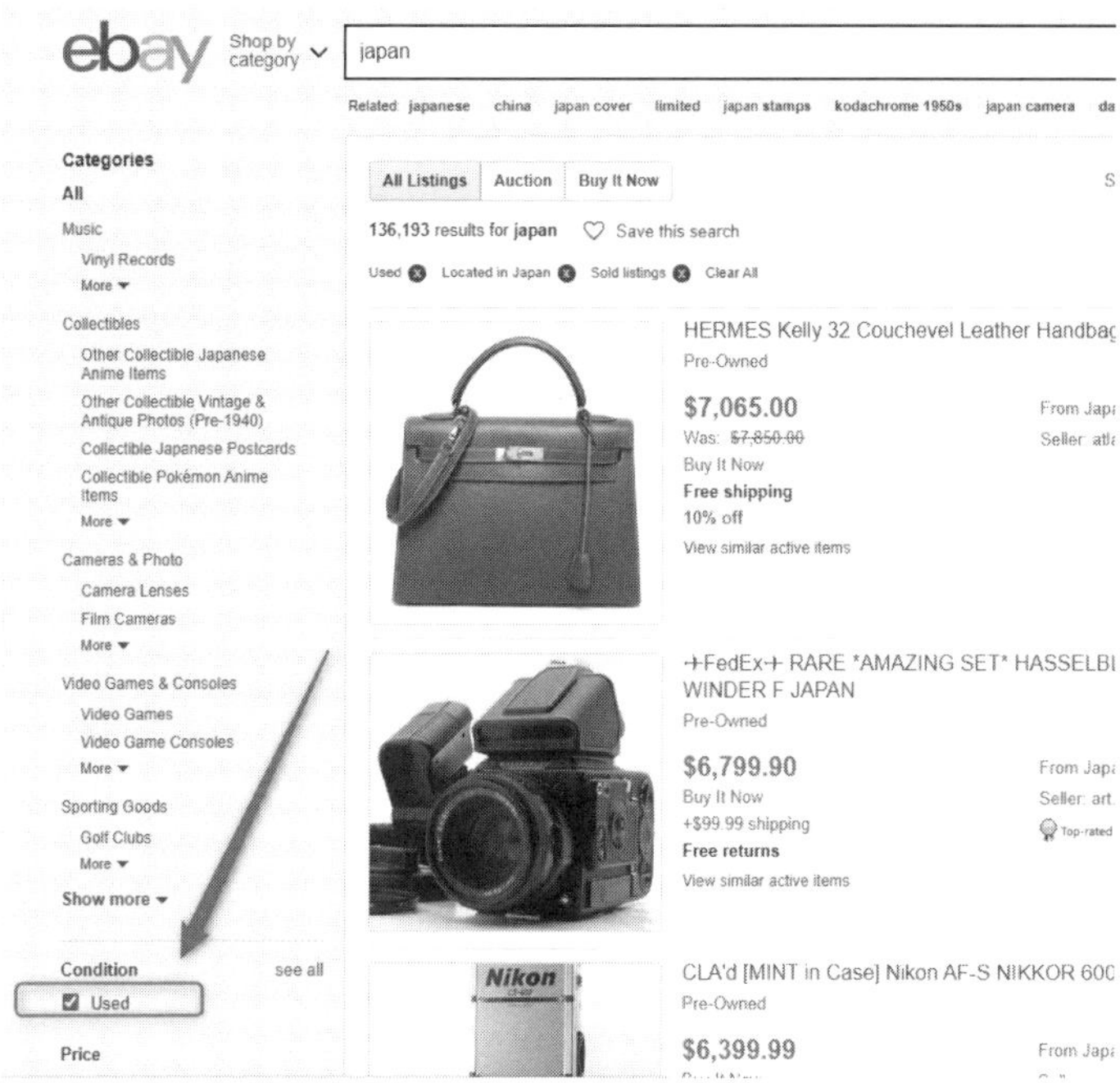
ebay
Shop by category
japan
Related japanese china japan cover limited japan stamps kodachrome 1950s japan camera
Categories
All
Music
Vinyl Records
More
Collectibles
Other Collectible Japanese Anime Items
Other Collectible Vintage & Antique Photos (Pre-1940)
Collectible Japanese Postcards
Collectible Pokémon Anime Items
More
Cameras & Photo
Camera Lenses
Film Cameras
More
Video Games & Consoles
Video Games
Video Game Consoles
More
Sporting Goods
Golf Clubs
More
Show more
Condition
see all
Used
Price
All Listings
Auction
Buy It Now
136,193 results for japan
Save this search
Used
Located in Japan
Sold listings
Clear All
HERMES Kelly 32 Couchevel Leather Handbag
Pre-Owned
$7,065.00
Was: $7,850.00
Buy It Now
Free shipping
10% off
View similar active items
+FedEx+ RARE *AMAZING SET* HASSELBL
WINDER F JAPAN
Pre-Owned
$6,799.90
Buy It Now
+$99.99 shipping
Free returns
View similar active items
Top-rated
CLA'd [MINT in Case] Nikon AF-S NIKKOR 600
Pre-Owned
$6,399.99

❿

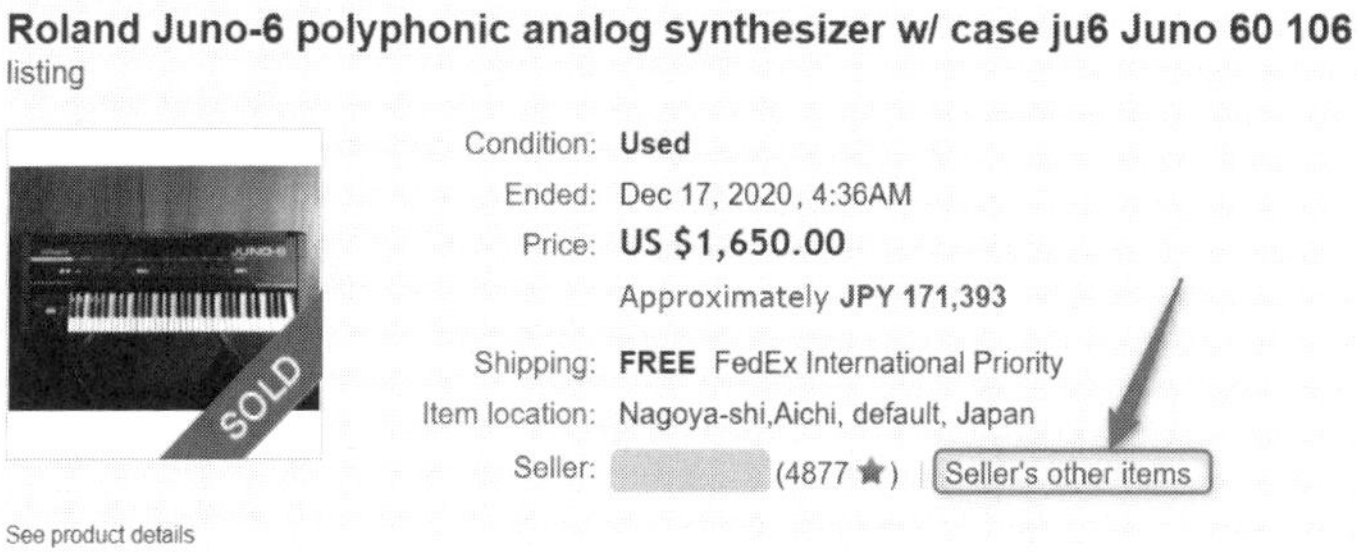
Roland Juno-6 polyphonic analog synthesizer w/ case ju6 Juno 60 106
listing
SOLD
Condition: Used
Ended: Dec 17, 2020, 4:36AM
Price: US $1,650.00
Approximately JPY 171,393
Shipping: FREE FedEx International Priority
Item location: Nagoya-shi,Aichi, default, Japan
Seller: (4877 ★)
Seller's other items
See product details

以上、「3ステップ・ライバルセラー・リサーチ術」を紹介しました。こうした情報収集をしながら、皆さんが販売する商品を探してみてください。

なお、取り扱う商品ジャンルは、2から3種類に留めておいたほうがいいです。商品ジャンルを絞ることで、必要な商品知識量を絞ることができ、また作業も単純化、効率化しやすいからです。

2 利益が残る仕入れ値の決め方

予想売値を決める3ステップSoldリサーチ

何を仕入れるかが決まったら、商品を探して仕入れるわけですが、その際に必要になるのが、いくらで仕入れたらよいのか？　という点、つまり仕入れ値の決め方です。ここでは、仕入れ値の決め方を解説します。

基本的な考え方は、「利益が得られる仕入れ値を決める」ということで、非常にシンプルです。これを数式で表現すると以下になります。

「予想売値－販売手数料－海外送料－仕入れ値＝予想利益」

売上から諸経費と仕入れ値を差し引けば、利益が残るというわかりやすい内容です。ただ、これは利益を求める計算式なので、仕入れ値を決める式となるように、仕入れ値と利益を入れ替えます。すると左記の式になります。

「予想売値－販売手数料－海外送料－予想利益＝仕入れ値の上限」

この仕入れ値の上限よりも安く仕入れができれば、予想利益が確保できるということです。以上が基本的な考え方ですが、計算式を構成する項目のそれぞれについて詳しい解説をしていきます。

予想売値については、以下2点を抑えれば決定できます。

①同じ商品の販売価格（実績値）の調べ方

②受取送料を含めること

まずは、①同じ商品の販売価格（実績値）の調べ方から説明します。

ある品物が過去にいくらで販売されたかを調べる方法は、すでに述べた3ステップ・ライバルセラー・リサーチの中で、多少触れました。しかし、ここでは調べる目的が幾分違いますので、Advanced Searchを使わずに、もっとシンプルに調べる方法を紹介します。

こちらも3ステップなので、ライバルセラー・リサーチと区別するために、Ｓｏｌｄリサーチと呼んでいます。

ステップⅠ　eBayトップページ（ebay.com）で、商品名を入力して商品検索する

ステップⅡ　検索結果画面左カラムの Sold Items にチェックを入れる（売値の実績値が表

示される）

ステップⅡ

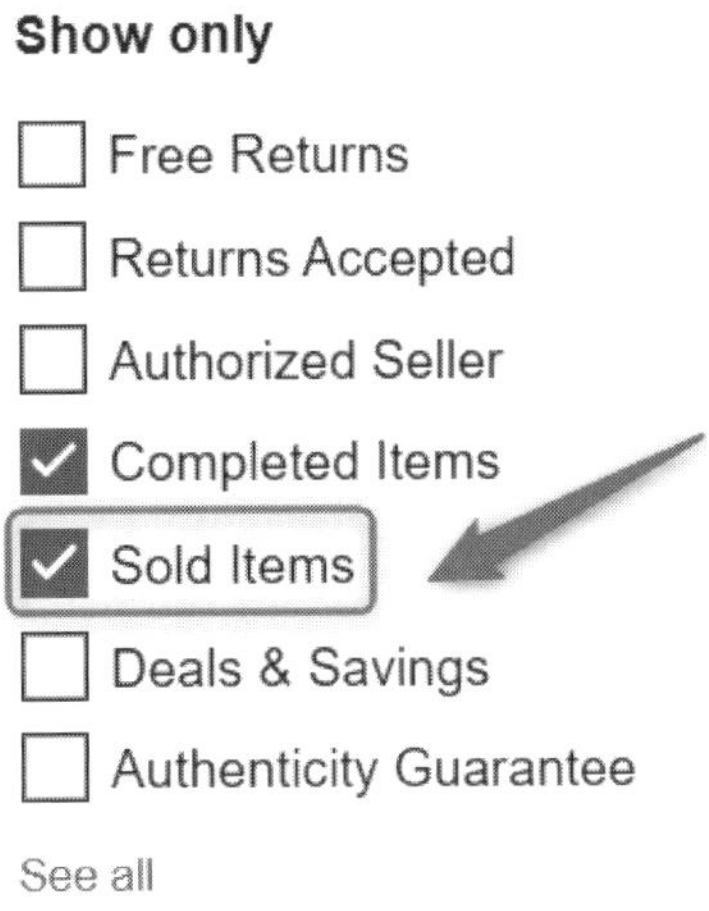

なお、Sold Items にチェックを入れると、自動的に Completed Items にもチェックが入りますが、特に問題はありません。

ステップⅢ　高いもの順に並び変える（Price + Shipping Highest first を選択する）

作業は以上3ステップです。**ステップⅢの検索結果で表示された値の平均値（真ん中あたり）から平均値プラスアルファくらいを目安に、売値予想とします。**

さらに補足説明をします。以下4点に留意してください。

〈留意点1〉高いもの順に並び変えた後、上位を占めるヨーロッパ人出品者の販売実績は除外して考えてください。

ステップⅢ

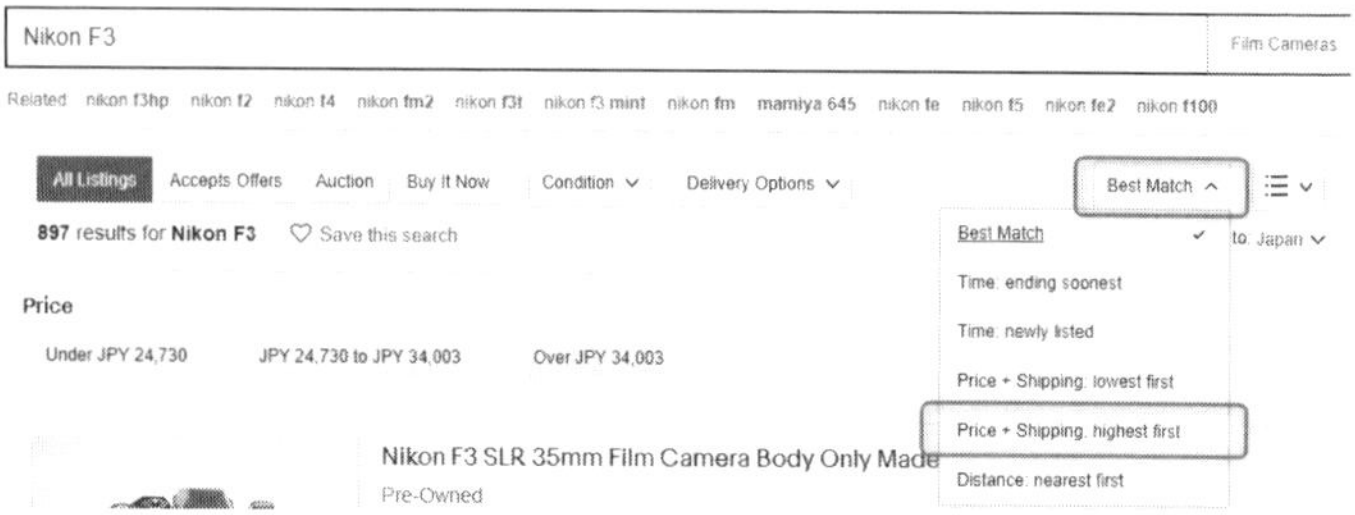

ヨーロッパ人の出品は、ヨーロッパ内で購入されているケースが多く、相場水準が米国とかなり大きく違っていますので、売値予想の材料としては使いません。日本からヨーロッパに輸出販売すると、高い関税がかかるため、ヨーロッパ人出品者と同じ価格で売ると、クレームの原因となります。

〈留意点2〉不良品は、売値予想の材料としては使いません。

不良品は、高いもの順に並び変えたときに、下のほうに表示されますので、比較的探しやすいかと思います。また、タイトルにAS IS（現状品）とかfor parts（修理部品としての出品）と表示されているものも不良品です。これは、不良品を売らないことを前提にしています。なお、不良品だとわかっていて売る場合には、不良品の販売実績を材料にして売値予想をしていきます。

〈留意点3〉 上記〈留意点1〉と〈留意点2〉を除いたデータをもとに、その平均値を売値の目安としますが、**平均値よりも多少高くても売れていきます**。

これは日本人であることが信頼につながっていくこと、さらには丁寧できれいな商品写真を載せる努力をすることで、多少高くても売れやすくなることを踏まえています。また、中古品として状態が非常によく、新品に近い状態である場合にも、平均値から大きく離れて、高い価格でも売れやすくなります。

なお、ここで説明したSoldリサーチはパソコン画面上での操作を前提としていますが、スマホのブラウザ上でも、同様の操作でSoldリサーチを行うことができます。

さらにはeBayのアプリをスマホにインストールして、そのアプリ上でSoldリサーチを行うことも可能です。いずれもメニューの場所が幾分違うだけで、同じ手順の操作でリサーチが可能です。

〈留意点4〉 ネットショッピングにおいては、お客さんが送料を負担することが一般的です。

送料無料と謳っていても、商品価格に上乗せされていることが多いかと思います。また、

ｅＢａｙにおいては、お客さんが負担する送料、つまり出品者が商品代とは別にお客さんから受け取る送料は、ばらつきが大きいですし、出品者によっては、送料無料（Free shipping）という表示をしながら、受取送料分を商品価格に上乗せしています。

以上の状況を踏まえて、受取送料と商品価格の合計額をもって予想売値とすることを推奨します。

販売手数料の求め方

仕入れ値の決め方についての説明を続けます。復習になりますが、仕入れ値の上限は以下の計算式から求めます。

「予想売値－販売手数料－海外送料－予想利益＝仕入れ値の上限」

前項までで、予想売値の説明をしましたが、ここでは販売手数料に関して解説します。

販売手数料は、ｅＢａｙの落札手数料と、ペイパルの決済手数料の2つから構成され、両者を合算した金額が販売手数料になります。いずれも成功報酬なので、販売されない限り、この2つの販売手数料が発生することはありません。

まずｅＢａｙの落札手数料についてですが、これはｅＢａｙでは、Final Value Fee（ＦＶＦ）と呼ばれています。ＦＶＦは売値と受取送料の合計額に対する一定割合で計算されますが、月額固定費を払うストア契約をするかしないかで、この割合が変わります。

ストア契約しない場合のｅＢａｙの落札手数料は、原則として、ほとんどのカテゴリーで、売値と受取送料の合計額に対する10％です。例外は、

- **本・ＤＶＤ**：12％
- **ギター・ベース**：３・５％
- **セレクト品である１００ドル以上の運動用シューズ**：０％

などです。

月額27・95ドル以上支払ってストア契約を行うと、落札手数料の大幅な割引が得られます。例えばカメラなど多くの商品カテゴリーで落札手数料が６・15％に減額され、さらにＩＴ関係の商品カテゴリーでは４％になります。単価の高いものを売ったり、数多く売るなら、ストア契約をするほうが得でしょう。

それぞれのコストを計算して、ストア契約するかどうかを判断することになります。商品カテゴリーごとの落札手数料は、下記ＵＲＬの一覧で調べることができます（https://www.ebay.com/help/fees-invoices/feesinvoices-fees-selling/store-fees？id=4122＃section3）。

なお、月額固定費を支払ってまでストア契約するメリットは、落札手数料の割引が得られることのほかに、出品手数料の無料枠が得られる点が挙げられます。出品手数料は、品

物を出品し続けるにあたって、1個当たり一定金額を毎月継続的に支払うものです。

しかし、ストア契約をしなくても200個までは出品手数料は課金されませんので、小規模な出品を想定する個人出品者にとっては、出品手数料は、それほど気に留める必要はない手数料として理解していいと思います。そのため、本書ではこれまでの文脈でも、eBay手数料としては落札手数料を指すものとして、説明しています。

ペイパルの手数料について

ペイパルは、eBayの売買代金を決済するときに使うサービスです。ペイパルを使うことで、海外の銀行口座を作る必要がなく、日本にいながらドルの売買代金の決済が可能です。また、受け取ったドルを、円に両替して日本の銀行に送金するサービスも行っています。

このため、**ペイパルの手数料は、決済手数料と両替手数料の合計額で求めることになります**。日本の銀行への送金時にも送金手数料が1回につき250円がかかりますが、送金額が1回5万円を超える場合には免除されます。そのため仕入れ値を決める計算式においては、送金手数料は無視して考えています。

まず決済手数料ですが、これは決済金額の大小によって以下の通り、変わります。

月間30万円以下　　４・１％＋０円／件
月間30万円超、１００万円以下　　３・９％＋40円／件
月間１００万円超、１０００万円以下　　３・７％＋40円／件
月間１０００万円超　　３・４％＋40円／件

出典：https://www.paypal.com/jp/webapps/mpp/merchant/paypal-seller-fees

次に、両替手数料ですが、３％課金されます。この両替手数料は、市場レートに比べて３％不利な為替レートが適用されることで、**円換算された金額分、少なくなっています。この少なくなった分が両替手数料です。**

例えば、月間決済額が50万円なら３・９％の決済手数料と、３％の両替手数料が合計された６・９％が、ペイパルの手数料ということになります（決済手数料に含まれる40円／件は便宜上無視します）。さらに、ｅＢａｙの落札手数料が６・15％なら、合計13・05％を売値に対する手数料として見積もることになります。

以上、仕入れ値の計算式を構成する２つ目の項目として、販売手数料について解説しました。次は海外送料です。

海外送料の見積り方

海外送料は、基本的には重量と相手先の国によって決められた運賃テーブルから計算していきます。郵便局が提供する国際郵便を使うのが、もっとも一般的な海外発送の方法であるため、郵便局のホームページで、重量と相手先の国から、調べることができます。

なお、本書執筆時点では、コロナ禍の影響で、eBay最大のマーケットである米国向けや、オーストラリア向けの航空便等が、郵便局で引き受け停止されており、使えません。このため、多くの日本人出品者は、DHLやFedexと契約して、アメリカ向けの発送手段として利用しています。

DHLやFedex、UPSなど民間の国際輸送サービスをクーリエとよびますが、一定量の品物を定期的に発送するビジネス用途の契約をすると、各社ホームページで公開されている運賃より大幅に安い運賃テーブルが適用されます。そこで、eBayの出品者であることを伝えて、取引口座開設を依頼すると海外送料の節約ができます。

各社、eBay出品者との取引拡大に力を入れているため、「eBay出品者として取引したい」という点を強調して問い合わせるとよいです。

その後、eBayでの活動に関して簡単なヒアリングの後に、各社から見積り運賃テーブルが提示されますが、皆さんのお住まいの地域や、出荷量によって、提示される海外送料は異なります。**目安としては郵便局のEMSよりも安くなっているかどうかを基準に、提示された運賃テーブルで契約するか、もう少し交渉を粘るかを、決めるとよいか**と思います。取引条件は多少違うものの、私の周囲では郵便局のEMSよりも割安な運賃テーブルを提示されるケースが多いようです。

以上、海外送料の見積り方として、各運送会社の運賃テーブルの入手方法を説明しました。

予想利益の決め方

仕入れ値を決める計算式の最後の項目は、予想利益です。他の項目である、売値、手数料、海外送料は、いずれも外部要因によって決定されますが、予想利益は、売り手である皆さんが、自分で判断して決める金額になります。

予想利益を小さく考えれば、その分仕入れ値を高くできて、仕入れのチャンスが広がりますし、販売の練習回数を増やして経験値を高めていくことができます。デメリットとしては、仕入れ値が高くなるので、値下げの余地が小さくなり、場合によっては赤字で売らざるを得ないことも生じる点です。

逆に、予想利益を大きく考えれば、仕入れ値を小さくしなければならないため、仕入れの練習として厳しい水準を自分に課すことになります。これはデメリットですが、反面でその厳しい水準の安い仕入れができれば、実際に得られる利益も大きくなるというメリットがあります。

もちろん、売値・仕入れ値それぞれに、一定の相場水準がありますので、出品者が自由に決めるといっても、相場からくる制約はあります。

私の経験や、私の周囲のeBay出品者の情報を総合すると、**利益率はおおむね売値の20%から30%くらいに落ち着くことが多いようです。ただ一般に、販売単価が大きくなると利益率は下がり、販売単価が小さくなると利益率は上がる傾向があります。**

例えば、私自身3000円で仕入れたカメラのレンズを、1万5000円で売ることはざらにありますが、同じ割合で、3万円で仕入れたものを15万円で売れるかといえば、それはさすがに無理です。

このように、利益率は価格帯によって変わってきますが、販売経験を積んでいくと、各自が専門とする商品カテゴリーの中で、価格帯別の利益率が徐々にわかってきます。20%から30%という利益率は、幅広い価格帯全体をカバーする平均的な値、目安として理解してください。これを最初のとっかかりとして活用ながら、徐々に各々の経験値や販売実績の中から、利益率を明確化していってください。

以上、仕入れ値の決め方について説明してきました。

「予想売値－販売手数料－海外送料－予想利益＝仕入れ値の上限」

この仕入れ値の計算式が具体的な数字とともに、諳んじることができ、仕入れ値の上限をスムーズに計算できるようになることが、ここでの重要な目標になります。

3 仕入れ場所の探し方

ネット仕入れのメリット・デメリット

前節までで、何を、いくらで仕入れたらよいかがわかってきました。次は、どこで仕入れるかという点について、説明します。

個人のeBay出品者が使える仕入れ先は大きく2分類できます。ネットと実店舗です。ネットの中でもオークション形式で仕入れができるヤフオクは、非常に強力な仕入れ場所になるため、節を改めて詳しく説明します。ここでは、ネットオークション以外のマーケットプレースや、ネットショップを前提にネット仕入れを説明します。

特にネット、実店舗それぞれのメリット、デメリットを比較して、読者の皆さんのライフスタイルに合った選択ができるように情報提供します。

ネット仕入れのメリットは、遠くの実店舗までいかなくても、帰宅後や通勤時間帯に仕

入れができることから、時間節約が可能なこと、隙間時間で仕入れが可能なことです。多忙な会社員や主婦の方でも、時間をやりくりできれば、実践できる点が最大のメリットです。

他方でデメリットは、実店舗仕入れと比較して、品物の相場が狭い範囲に決まっているため、格安仕入れが難しいことです。ネットでは全国どこにいても仕入れができますが、それだけ仕入れの競合者も多くなります。格安のお宝商品の情報があっても、ネットでは瞬時に全国に広がりますので、安ければすぐに売り切れてしまいます。**つまり掘り出し物を仕入れるハードルが高いという点が、ネット仕入れのデメリット**なのです。

価格差が得られる品物はいくらでもあるのですが、ただ、それが早いもの勝ちで買われてしまうので、単純に価格差のある商品を探すというシンプルな仕入れ方法では、初心者にとって意外に難しいという点がデメリットになります。

もちろん経験を積むと、探せる範囲も広がりますし、瞬時に高いか、安いかの判断ができるようになり、早い者順でも仕入れられるようになります。しかし、それまでは練習期間としてじっくり取り組みつつ、別の方法論（後述するオークション仕入れや店舗仕入れ）を併用して経験量を増やしていくとよいです。

このほか、ネット仕入れでは、商品の実物を見ることができない、というデメリットもあります。特に中古品では隠れた不具合もあるので、実物を見られないネット仕入れでは、売主が信頼できるかどうか、商品説明に漏れはないか、商品に不具合があった場合に、返品がスムーズにできるかをしっかりチェックする注意深さも必要になります。

中古品のネット仕入れができる代表例は、左記のマーケットプレースや専門店のネットショップです。

ヤフオク（即決）、メルカリ、ラクマ、楽天、アマゾン、ネットモール（ハードオフ）、カメラのキタムラネット中古など、いずれも有名なところばかりですが、その他に個人企業のネットショップでも比較的安い出品が多いところもありますので、開拓の余地は大きいです。

実店舗仕入れのメリット・デメリット

実店舗での仕入れのメリットは、ネット仕入れの裏返しになります。実物を見られるので不良品リスクは少ないことです。さらに、**ネットに掲載されない商品が店舗に並ぶことも多いため、極端に相場から離れた格安商品に出会うチャンスがあります。**

私自身の最高記録としては、2600ドル（当時レートで26万円以上）でeBay販売したカメラを実店舗で仕入れたときの値段が、9万5000円でした。もちろん稀なケースではありますが、このような極端な価格差が得られる仕入れができるのは、実店舗の強力なメリットです。継続的に実践していると、一定割合でこうしたチャンスに出会うことがあるのです。

もちろんデメリットとしては、時間をかけて店舗に出向く必要がありますし、店舗に行っても、安い品物がなくて手ぶらで帰ることもあります。

実店舗の仕入れ先の代表例としては、ハードオフ、ブックオフ、カメラのキタムラ、その他専門店やリサイクルショップなど。中古品が置いてあるところであれば、どこでも仕入れ先になり得ます。特にリサイクルショップは全国至る所にありますので、ご自身がeＢａｙで売ろうとしている商品カテゴリーを多く扱っているリサイクル店があれば、足しげく通いたいところです。

リサイクルショップは、全国展開しているところと、比較的地域特化してチェーン展開しているところがあります。全国展開の代表例がハードオフとその系列店で全国に９００店以上、ブックオフも８００店以上、ファッション系商品が豊富なセカンドストリートも７００店以上あります。

地域展開の例としては、神奈川県ならワットマン、茨城県・千葉県ならワンダーレックスが多店舗展開しています。このほか、トレジャーファクトリーも3大都市圏に展開していて、２００店に迫る勢いで拡大しています。

4 格安仕入れノウハウ

カテゴリーを絞ってスピードアップ

これまでの説明で、何を、いくらで、どこで仕入れるかが見えてきましたが、ここではいよいよ、どうやって安く仕入れるかです。

仕入れといっても、一言でいえば、売値実績を調べて、諸経費・海外送料・利益を賄えるだけの価格差がある中古品を探す、というだけのことです。このシンプルさがあるからこそ、ｅＢａｙ輸出を含むネット物販で多くの方が成功しているのです。

しかし、初心者が、安い仕入れ値の中古品を、実際に探し始めてみると、案外見つからなくて困惑することが多いと思います。そこで、初心者が少しでも早く、安い品物を探し出せるよう、仕入れの秘訣を紹介していきます。

この節では、オークション以外の定額販売されている商品、つまり早い者順に買える商品の仕入れについての秘訣を説明します。ヤフオクのオークションを活用した仕入れの秘訣は、非常に強力なノウハウなので、次節で改めて詳しく解説していきます。

仕入れの秘訣1番目は、商品カテゴリーを絞るということです。

eBay輸出にチャレンジする人に限らず、安い品物はエンドユーザーを含めてたくさんの人が探しています。そのため、安い仕入れを行うには、売りに出されている商品を、たくさん見ていく必要があります。**一定の時間内で、いかに早く、たくさんの商品を見るか、つまりスピード感が大事になってくる**のです。

ここにカテゴリーを絞る必要性が生じます。カテゴリーを絞ることで、見たことがあるような商品に、繰り返し出会う頻度が高まり、その都度手間をかけてSold検索をしなくても、安い、高い、の判断が迅速にできるようになってきます。

また、同じ商品カテゴリーを繰り返し探していると、似ているけれど、ちょっとだけ違う類似商品に出会うことが多くなります。カテゴリーを絞ることで、そうした類似商品の違いもわかるようになってきます。例えば、色が違うだけで、売値の相場が違うということはよくあることです。カメラの場合でいえば、シルバーよりも黒のほうが、高く売れることが多いので、急いでいるときには黒いモデルだけ探していくことで、時間効率を高めることができます。

以上のように、カテゴリーを絞ることで、安い商品を探す時間効率が高まります。

私の場合、カメラを中心にやっていますが、最初は交換レンズだけを扱っていました。レンズの中でも、マニュアル・フォーカスの単焦点レンズで、しかもニコンに限定していました。

カメラというカテゴリーでは、まだ大きすぎるので、**メーカーを限定したり、そのメーカーが出している商品の中で、さらに商品ジャンルを細分化して、１００から２００品目を目安にリストアップできるくらいに、カテゴリーを絞り込みました。**こうすることで、仕入れ力を磨くための最初の核を作れます。まずはその範囲の中で価格差が得られるものを探すことで、仕入れの成功体験を積むとよいでしょう。

このような絞り込みをしないで探し回ると、途方もない商品数の中で、砂漠の中をさまよい歩くように、方向性が得られない迷子状態に陥りかねません。

相場帳を作って効率アップ

仕入れの時間効率を高めるには、カテゴリーを絞り込むだけでなく、相場帳を作るとよいです。相場帳というのは、商品名と予想売値を記録した一覧表のことです。

カテゴリーを狭めても、１００個や２００個の商品の価格をすべて覚えることは大変ですが、かといって1個1個すべての予想売値をＳｏｌｄリサーチで、都度調べることも効率が悪いです。**そこで、1度調べた予想売値を紙面の一覧表として記録に残しておくことで、同じ品物のＳｏｌｄリサーチを繰り返し行う無駄を減らせます**。

同じ商品が繰り返し見つかったときは、Ｓｏｌｄリサーチの代わりに、相場帳を開いて確認します。こうすることでＰＣやスマホを操作するより手早く、売値予想やそこから導かれる仕入れ値の上限を確認でき、見つけた商品が安いか、高いか、迅速・効率的に判断できるようになります。

相場帳は、最初は１００個から２００個ぐらいあるとよいですが、慣れてきたら５００個くらいを目標に増やしていくと、安い品物、価格差が得られる品物を、たくさん見つけられるようになります。

相場帳の体裁としては、手のひらサイズのルーズリーフ手帳がお勧めです。ルーズリーフにすることで、インデックスを入れて、ページごとにカテゴリー化でき、後でページやカテゴリーを追加、順序変更することも、柔軟にできるからです。

相場帳づくりは手間に思えるかもしれません。しかし初心者のころに相場帳を作って仕入れに自信がついてくると、繰り返し仕入れられる得意商品が増え、販売経験を通じて、ゆくゆくはほとんどの売値を覚えることができるようになります。得意商品がある程度たまるまでの補助輪として活用するとよいです。

セット商品や修理できるものを探す

カテゴリーを絞ったり、相場帳を使うことで、安い品物を効率よく探していくことができるようになりますが、それ以外は、セット商品を買うという選択肢もあります。

例えば、一眼レフカメラを買う際に、カメラボディ単体ではなく、カメラボディとレンズがセットになったものや、カメラボディにレンズが2本セットになったものなど、まとめて売りに出される中古品はたくさんあります。カメラ以外にも、フリーマーケットやヤフオク、メルカリには、フィギュアやトレーディングカードのセットなどがたくさん出品されています。

こうした**セット販売では、含まれる個体の数だけSoldリサーチが必要であるため、売値の予想が面倒で、仕入れの競合者も嫌がる傾向があり、結果的に安く仕入れられる傾向があります**。

また、A、B、C、Dなど、例えば4個でセット販売されている商品がある場合、その中のAだけをeBayで販売するだけで、4個セット全体の仕入れ値が回収できてしまうケースもよくあります。この場合、Aが売れた後はB、C、Dがいくらで売れても、すでにAによって仕入れ原価は回収されているので、B、C、Dの売値が全額利益になります。このようなセット商品を探すことで、安い仕入れをすることも可能ですので、仕入れ方法の1つに入れておくとよいです。

不具合があるから安いけど、ひと手間かけて修理すれば使える中古品を探していくことも、安い仕入れを行う方法の1つになります。

例えば、有名ブランドのネクタイが売りに出されていて、安い理由が「ほころび」にあるとします。この場合、ひと手間かけて裁縫でほころびを直して売るということも可能です。直すことで付加価値を上げて、価格差を作り出すという発想です。

同様にカメラなら、レンズにカビが生じることがあるのですが、その場合は不良品になるので、かなり安く売られています。これを分解清掃して正常品にしてからｅＢａｙ販売することで、価格差を大きくとることも可能です。

いずれも、手間がかかるか、一定の訓練が必要になる場合がありますが、手芸やＤＩＹを趣味にしている方には、趣味を生かしつつ、安く仕入れる方法の1つとして活用する価値があります。また、手間をかけた分だけ、商品への愛着が生まれ、生まれ変わった商品が売れてお客さんに送る際の喜びもひとしおです。

5 ネットオークションで格安仕入れする方法

ヤフオク仕入れ5つの手順

ここでは、ヤフオクを使ったネットオークション仕入れについて説明していきます。オークションではない定額販売の場合、格安商品は早い者順で売れていきますので、仕入れ初心者にとっては、経験豊富な競合者に先を越されやすく、やや不利な立場でのスタートになります。しかし、**オークションで販売される品物を買う場合は、早い者順ではありません。じっくり価格差を調べて、商品説明をきちんと読んで、仕入れに挑戦するかどうか、判断する時間的な余裕があります。**

仕入れ初心者にとっては、この時間的余裕がオークション仕入れの最大のメリットになります。オークションでは終了時間になるまで入札が続き、だれが落札者になるか、わかりませんので、それまでの時間を有効に活用できるからです。

では実際にヤフオク仕入れを行う際の操作手順を解説しますが、大きく見ると下記の5ステップです。

Ⅰ　カテゴリー表示を絞り込む
Ⅱ　格安商品を表示させる
Ⅲ　売値と比較
Ⅳ　商品説明と出品者をチェック
Ⅴ　入札

まずは、ステップⅠから説明します。

ヤフオク（https://auctions.yahoo.co.jp/）にアクセスして、ご自身が選んだ商品カテゴリーに出品中の商品リストを開きます。ここでは中古カメラの交換レンズを例にとり上げます。

ヤフオクトップ画面左側の**カテゴリーから探す↓** **家電、AV、カメラ** **↓** **カメラ、光学機器** の順にマウスオンして、クリックします。

次に画面左側の項目の中から、**レンズ↓** **一眼カメラ用（マニュアルフォーカス）** をクリックします。

続いて、さらにカテゴリーをニコンに限定します。カテゴリーリストの **ニコン** をクリックします。初心者のうちは、ここまで細分化して探したほうが取り組みやすいです。

以上の流れで、価格や商品タイトルなどの、

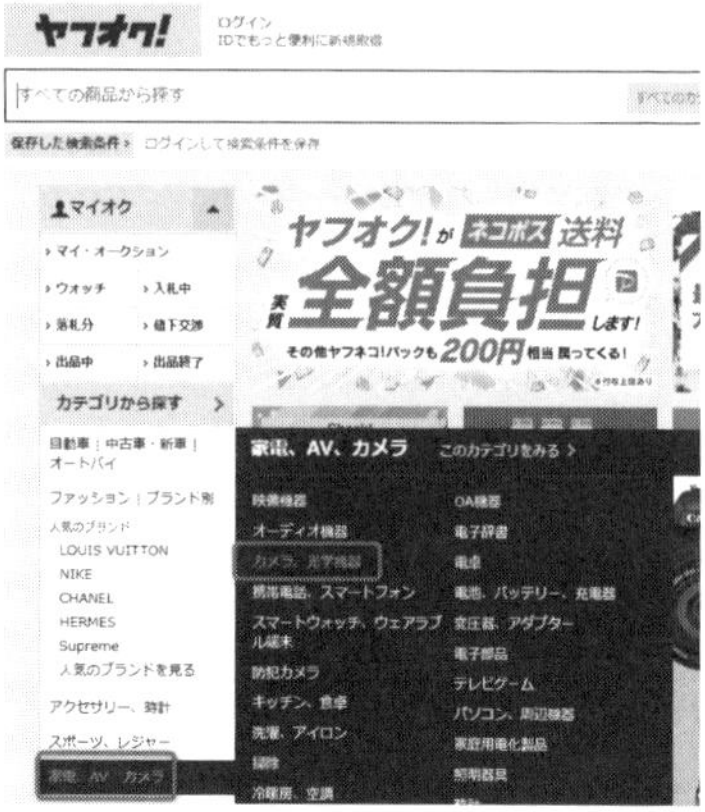

一覧が表示された画面が見えていれば大丈夫です。

格安商品を表示させる

次は、ステップⅡです。オークションでは、必ず開始価格がありますが、開始価格が低い金額だと、格安で落札できる可能性が高くなります。そこで、開始価格が低い商品だけを優先的に表示させるために、入札数が多い順位に並び替えます。そのために、画面左上

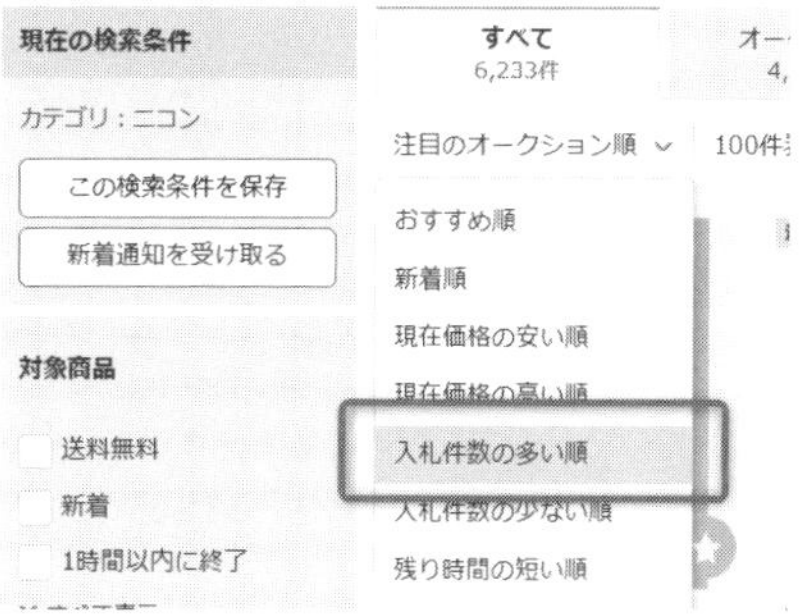

の**並び替え用プルダウンメニュー**の中から、**入札件数の多い順**を選択します。

入札件数が多いということは、開始価格が1円や100円など低額からスタートし、小刻みに入札が繰り返されてきたことを示しています。そのため、入札件数が多い順に並び替えると、低額スタートでオークション出品されたものが優先的に表示されるのです。

なお、「入札件数が多いと入札競合者が増えるから、安く落札することが困難になる」と、心配されるかもしれませんが、競合者が多くてもいいのです。競合者が多いということは、それだけ人気の商品でもあるからです。

逆に、競合がいないほうがいいと考えて、売れにくい商品を仕入れないように気を付けましょう。競合が多い中で、落札するための考え方や方法は追って解説します。

売値実績と比較して安い商品を探す

ステップⅡの並び替えで、価格差が得られそうな格安商品が表示されているので、あとはｅＢａｙでの販売実績のある価格と出品されている商品の現在価格を比較しながら、利幅が得られる程度の価格差がある安い商品を１つひとつ見つけていきます。

ここで必要になるのが、先述ｓｏｌｄリサーチや、さらに効率を上げるための相場帳、そして仕入れ上限の計算式です。**売値実績と比較しながら、仕入れ値の上限を下回るオークション価格の商品が仕入れ候補になります。**

入札するか、見送るかについて、具体的には次のように判断します。

ステップⅠとⅡの方法で、検索結果を表示したときに、例えば、入札件数12件の商品がありました。他方でこの商品の現在価格は、左の画像の通り12650円です。

他方でこの商品と同じモデルはeBayで、いくらで売れるでしょうか。eBayの販売実績価格と比較してみます。

次のページの画像はeBayで同じ商品をsoldリサーチした結果です。商品価格が3万円前後、受取送料が1558円から3115円です。そこで、予想売値は、受取送料込み32000円くらいだと推定します。

また、販売手数料は予想売値の15%として4800円、海外送料は2500円とします。利益は売値の20%として6000円を想定しておきます。

以上の条件を、仕入れ上限の計算式にあてはめます。

予想売値32000円－販売手数料4800円－海外送料2500円－予想利益6000円＝仕入れ値の上限18700円

レンズ ＞ 一眼カメラ用（マニュアルフォーカス） ＞ ニコン

■送料無料■ニコン Nikon NIKKOR 20mm 1:3.5 レンズ カメラ Nikon HN-1 フード付 LENS 写真 ●レンズ曇りなし 257g/くGOら/CC-514

送料無料

現在 12,650円　　即決 -

入札 12　残り 8時間 (01/18 20:28終了)

Sold Dec 1, 2020

【MINT】 NIKON NIKKOR AI-s 20mm f/3.5 AIS Wide Angle Prime MF Lens From JAPAN

Pre-Owned · Nikon F · f/3.5 · 20mm

JPY 30,123 商品価格 c-1 17:59

Buy It Now　From Japan

+JPY 3,115 shipping 送料　Seller:

Free returns　(202) 100%

View similar active items

Sold Jan 11, 2021

【Near MINT】 NIKON NIKKOR AIS 20mm F/3.5 Ai-s Wide Angle Prime MF Lens from JAPAN

Pre-Owned · Nikkor · f/3.5 · 20mm

JPY 29,499　Jan-11 14:04

Buy It Now　From Japan

+JPY 3,115 shipping　Seller: (155) 100%

Free returns

View similar active items

Sold Nov 19, 2020

【TOP MINT】NIKON NIKKOR AIS 20mm F/3.5 1:3.5 Wide Angle Prime MF Lens From JAPAN

Pre-Owned · Nikon F · f/3.5 · 20mm

JPY 30,642　Nov-19 23:13

Buy It Now　Top Rated Seller

+JPY 1,558 shipping　From Japan

Free returns　Seller: (709)

View similar active items　100%

以上から、仕入れ値の上限は18700円とします。オークションの現在価格は、12650円ですから、まだ余裕があります。そこでこのヤフオクに出品されている商品は安いと考えて、仕入れ候補になると判断します。

商品説明をよく読んで、不良品を除外する

安い商品が見つかったら、次は商品説明文を注意深く読んで、品質の良い商品かどうかをチェックします。そして、不良品なら仕入れを見送ります。不具合のある商品はお客さんとのトラブルの原因になりかねないので、避けるようにします。結果的に自分の評判を守ることになります。

また、商品説明を読む際には、主要機能や商品の壊れやすい場所について検品されているかどうかチェックしながら、注意深く読みます。例えばカメラなら、シャッターが切れるかどうかなど、主要機能が問題なく使えるかどうかという点が重要なチェックポイントです。

ここで、**あいまいな表現があれば、要注意です。不具合に関する記載をしていないか、不具合に気づいていない可能性が高いからです。不明点があれば、質問欄から問い合わせましょう。**

さらに、出品者の評価も見ていきます。評価がよくない出品者は、商品説明が不十分だったり、商品説明に誤りが含まれているリスクが高いので、避けたほうが安全です。

中古品の場合は、よい評価の割合が99％以上あると比較的安心ですし、優良出品者は99・5％以上の良い評価がついていることが多いです。このような**評価の良い出品者は、商品に不具合がある場合には、誠実に返品・返金依頼を受け付けてくれることが多い**ため、悪い評価が付きにくいのです。

逆に、良い評価の割合が少ない場合は、その出品者が返品・返金を嫌がったり、商品説明に不十分な点があるなど、過去にトラブルが生じたことを示唆します。

2点に気をつけて入札する

以上の手順で、安くて品質の良い商品を探し出せます。あとは入札をして、実際に仕入れいくだけです。

入札金額は、現在価格と比較して、1単位だけ高い金額を入れるという方法もありますが、手間がかかります。そこで、仕入れ上限までの価格で落札をするよう、上限値を入れておくと、手間が省けます。この事例では、18700円でした。

ヤフオクでは、自動入札という機能が働き、予算上限値で入札しておけば、その範囲で

一番安い価格で自動的に入札が繰り返されることになっています。現在価格が、上限値を超えたら、それ以上は入札されなくなります。

最後に、入札時に注意したい点は2つです。消費税と落札者負担の送料です。

ヤフオクでは出品者によって、消費税の表記が内税の場合と外税の場合が混在しています。買おうとしている商品がどちらなのか、しっかりチェックして、落札後に想定外の消費税が加算されないよう注意しましょう。

送料については、無料（出品者負担）の場合と、落札者負担の場合があります。後者の場合は、出品説明をよく読んで実際にいくらなのかを把握しておきましょう。

消費税や落札者負担送料は、仕入れ値の一部を構成し、いずれも仕入れ値の上限に含まれます。こうした細かい金額にも注意して、入札するようにしてください。

ヤフオク仕入れ、競り負けたときの対処法

ヤフオク仕入れを行う際に意識しておきたいことは、競合に一般消費者がいるということです。一般消費者は消費者価格で買いますのでｅＢａｙ出品者よりも高い予算でオークションに臨んでいることが通常です。

しかし、読者の皆さんは、ｅＢａｙで売って利益が残る程度の価格を予算としてオークションに臨んでいますので、一般消費者とは立場が違うのです。つまり**不利な立場からオークションに臨むわけですから、心構えとして競り負けても落胆しないことが重要です。**

オークションでは、感情的になると、仕入れの値の上限を超えてまで落札しようとしてしまいます。感情的になって、後で赤字になるような高い仕入れは避けたいところです。

仮に落札できなくても、自分の準備時間が無駄になるだけで、現金の出費があるわけではありません。冷静に割り切って、次のオークションにチャレンジしましょう。

他方で、繰り返し入札に挑戦していると、一定割合で安い仕入れができるようになりますので、焦らず反復を繰り返す気持ちでいてください。これは、プロ野球選手の打率のようなものです。一流の打者でも3割です。ヤフオク仕入れの場合も同様で、私の経験上、

1個5000円から1万円くらいの利幅が得られる中古カメラの場合、経験豊富な上級者でも3割から4割くらいの落札率です。1割落札できれば、初心者を卒業して中級の入り口に立つあたり、という程度の目安で考えていいと思います。

もちろんこの落札率は、設定する利幅の大きさや、カテゴリーや手法によっても異なります。例えば、修理前提で仕入れる場合は、その手間を嫌がる競合者も多いので、落札率はもっと高まり、仕入れもしやすくなるかと思います。

そこで、ご自身のカテゴリーや仕入れ手法において、どの程度の落札率が平均打率なのかを把握することが大事です。**平均打率を知っていれば冷静な気持ちでオークションに臨むことができるからです。一定の期間、自分でデータを蓄積したり、同業者との意見交換を通じて、平均打率を把握するようにしていきましょう。**

安いタイミングを捕まえる方法

オークション仕入れについては、価格差のある品物を探すことは難しくありません。低額スタートのオークションを見つけられるよう、入札数順で並び替えるだけだからです。大事なことは、価格差のある「商品」ではなく価格差のある「タイミング」を探すという考え方です。**オークションでは競合が手薄になるタイミングが必ずあるので、そのタイミ**

ングで安く落札できる、ということです。

ただ、「価格差のあるタイミングを探す」といっても、事前にどのタイミングで競合が手薄になるかということは、実をいうと誰にもわからないのです。そこで、どうするかが大事な点ですが、結論としては、**広く大きな網を張るのです。いつ獲物が来るかわからないから、網を張って待ち構えておくわけです。**

これはどういうことかというと、たくさんのオークション仕入れにチャレンジするということです。1回1回のオークション挑戦が、網目の1つひとつになるのです。無駄になる網目もあるかもしれませんが、どこかの網目が必ず獲物を捕まえるのです。

この点と、前項で説明した落札率が関係しています。落札率が半分にも満たないというのは、実は網を張っていることになるのです。網目1つひとつのすべてが獲物を捕まえるわけではありません。しかし一部の網目が捕まえればそれでよいのです。このような発想で取り組むのがオークション仕入れなのです。

前提となる発想や考え方を理解せずに、手順や操作方法だけを真似しても、何をやっているかがわからずに、長く続けることが難しくなります。こうした発想や考え方を踏まえて、ノウハウを自分のものにしていってほしいと思います。

第5章

ネット個人輸出のリアル販売ノウハウ

1

ｅＢａｙ輸出成功への事前知識と準備

ｅＢａｙのＩＤとペイパルのＩＤを同時に取得

本章では、いよいよｅＢａｙで品物を販売する方法について解説します。販売方法については、本書以外にも大変充実した情報源があります。それは、ｅＢａｙジャパンの公式ホームページと、セラーポータルサイトです。

ｅＢａｙジャパンは、日本人のｅＢａｙ出品者をサポートするために設立されたｅＢａｙの日本法人ですが、そのｅＢａｙジャパンが、**日本人出品者向けに行っている情報提供用のウェブ・サイトが、セラーポータルサイトです。**

それぞれのＵＲＬはこちらです。

ｅＢａｙジャパン公式サイト：https://ebay.co.jp

セラーポータルサイト：https://eportal.ebay.co.jp/portals

セラーポータルサイトは、eBayのID取得後にログインできるようになりますが、そこには、**出品方法や、関連情報など、eBayの出品者として必要になるさまざまな情報が掲載されています**。本書と合わせて活用することを、お勧めします。

さて、eBayでモノを売るにせよ、買うにせよ、IDを取得するところからスタートします。これが事前準備の第1段階です。しかし、eBayのIDを取得するには、ペイパルというサービスのIDを事前に取得しておく必要があります。

ペイパルというのは、ネット上の決済サービスです。これを使えば、日本にいながら外貨の売上代金を受領・保管し、さらには円に両替した後で、日本の銀行口座に送金できます。日本の住所を保持したままで、外貨建ての銀行口座を所有できる便利なサービスです。

eBayではモノの販売を行い、その代金決済はペイパルで行う仕組みになっています。

そのため、eBayとペイパルそれぞれのIDを取得する必要があるのですが、段取りよく行うために、先にペイパルのIDを作っておきましょう。eBayのIDを作るプロセスの中で、ペイパルのIDが問われることになるからです。

それぞれのIDが出来上がったら、両者を関連付けます。関連付けを行うと、eBayで販売が成立して、お客さんから代金受領の決済が行われ次第、自動的に出品者のペイパル残高が増えるようになります。

ＩＤの取得については、以上の概略で進めます。まずは左記ＵＲＬを参照してペイパルのアカウント取得を進めましょう。

https://www.paypal.com/jp/webapps/mpp/merchant/how-to-signup-business

ビジネス・アカウントを取得しよう

ペイパルでは、パーソナル・アカウントと、ビジネス・アカウントの2種類が存在します。パーソナル・アカウントは、主に支払目的で使うアカウントになりますが、**ビジネス・アカウントは、支払いはもちろん、売上代金の受領を目的に使うことができます。**

ｅＢａｙでは、当然売上代金の受領を主な目的に使いますので、ペイパルのアカウントは、ビジネス・アカウントを取得しましょう。

これに関連して、「ｅＢａｙをやったことはないけれど、ペイパルのアカウントは持っているので、そのまま使えますか？」という質問をいただくことがあります。ペイパルを使って代金受領をしたことがない人の場合、たいていはペイパルのアカウントを支払目的、つまりパーソナル・アカウントで作っています。

しかし、パーソナル・アカウントのままではｅＢａｙで売上が生じた際に代金受領できませんから、このような場合は、ペイパルのカスタマー・サポートに相談して、eBayのID取得前に、ペイパルをビジネス・アカウントに変更しておきましょう。そうすればeBayでそのペイパルアカウントを使うことができます。

そして、**ペイパルはカスタマー・サポートが日本語で対応していますし、電話のサポートも日本語で受けることができます**。ホームページ記載の問い合わせ先から連絡できます。

なお、ペイパルは金融機関なので、本人確認手続きが必要です。それには大きく2種類の方法があります。

1つは、本人確認書類の写真（またはスキャン）データをアップロードする方法、もう1つは大手銀行を引き出し先口座として登録する方法です。

前者では、住所と氏名が記載された身分証明書や、公共料金の請求書などをアップロードした後で、ペイパルから自宅宛てにハガキが届きます。そのハガキに記載された番号をペイパルの管理画面に入力することで、アカウントの本人確認が完了します。

この方法では、ハガキが届くまでに一定の日数が必要になるため、やや時間がかかるというデメリットがあります。メリットとしては、売上代金の引出先銀行口座の選択肢が大きく広がる点です。**特にネット専業銀行を使っている人の場合には、こちらの方法をとる**

ことになるかと思います。

他方で、後者の方法、つまり大手銀行を登録する方法では、**登録時点で即座に本人確認がなされたことになるため、迅速に手続きを進められます**。なお、ここでいう大手銀行とは、みずほ銀行、三井住友銀行、三菱ＵＦＪ銀行、ゆうちょ銀行、りそな銀行、埼玉りそな銀行です。

以上、ｅＢａｙでの利用を前提に、ペイパルのビジネス・アカウント取得について重要なポイントをお伝えしました。ただ、アカウントの取得は、ノウハウというよりも事務手続きになりますので、その他の詳細は、ペイパルのホームページの説明に譲りたいと思います。

2種類のeBayアカウント

次にｅＢａｙのアカウントの取得についてです。ペイパルと同様にｅＢａｙにおいても、パーソナルとビジネスという2種類のアカウントがあります。しかし、ペイパルと異なりｅＢａｙにおいては、どちらのアカウントを取得したとしても大差がありません。また、必要なら後で変更することも可能ですので、**まずはパーソナル・アカウントを取得**しておくことをお勧めします。

なお、ｅＢａｙビジネス・アカウントの登録方法に関するマニュアルは、次のＵＲＬ（ｅＢａｙジャパン公式サイト）から閲覧できます。パーソナル・アカウントを取得する場合にも、参考になります。

https://eportal.ebay.co.jp/start/manual/account.pdf

こちらのＵＲＬから閲覧できるＩＤ取得マニュアルでは、ＩＤの取得だけでなく、ペイパルアカウントとの関連付けについても説明されていますので、あわせて設定（関連付け）を行いましょう。

なおｅＢａｙでは本人確認手続きを、スマートフォンのショートメッセージを使って行います。ｅＢａｙに登録した電話番号にｅＢａｙから届くショートメッセージ上に記載された番号をｅＢａｙの画面に入力するだけで、本人確認ができますので、ペイパルのＩＤ取得よりシンプルです。

他のサービス同様にｅＢａｙでも、ＩＤの取得にあたってメール・アドレスを登録します。ここで使用するメール・アドレスはｅＢａｙ輸出専用のメール・アドレスを使うことをお勧めします。

というのも、eBayでの販売を始めると、問い合わせや、販売報告など、たくさんのメールが届くようになります。しかし、もともとプライベートな目的で使っているメール・アドレスを、eBayの販売活動で使うと、たくさんのメールの中に、プライベートなメールが混ざり、重要なものを見落とす可能性が高まります。

このため、**eBay販売用のメール・アドレスは、プライベートなメール・アドレスと区別したほうが、混乱が少なくて済みます**。なお、ペイパルとeBayは、eBay輸出という同じ目的での利用になりますので、同じメール・アドレスを使うほうが、情報の整理がしやすいです。

販売活動に入る前に買い物を体験する

事前準備の第2段階は、買い物の体験です。eBayでの販売活動に入る前に、買う体験を積んでおいたほうが、長い目で見てメリットが大きいです。

メリットとして第1に、お客さんの気持ちが理解しやすくなります。

顔の見えない外国人からモノを買うときには、さまざまな不安が心によぎります。また、買い手として操作方法に不慣れな状況に戸惑うことも経験できます。こうした経験を積んでおくことで、商品や取引条件、購入方法について問い合わせがあった場合でも、お客さんの置かれた状況が理解できるようになり、スムーズなやり取りが可能になります。

また、お客さんに共感を示しやすくなることで、コミュニケーションを深めることが可能になります。

第2に、評価の蓄積ができます。

eBayに限らず、インターネット上で取引をするサイトでは、取引相手から相互に評価を受けます。評価数やポジティブな評価の割合が多いことで、アカウントの信頼性が、潜在的なお客さんを含む第三者から見える仕組みになっています。そして評価は買い手の立場でも、売り手の立場でも、蓄積できます。

初めてeBayでIDを取得したばかりの出品者の場合、評価ゼロからスタートするのですが、これではお客さんも不安ですから、売上も立ちにくいわけです。

そこで、まずは買い手として取引実績を積むことで、評価を増やし、アカウントの信頼を高めます。こうすることで、初売上が立ちやすいように、準備を行うのです。

なお、eBayにおいては評価のことをFeedback（フィードバック）と呼びます。

eBayで買い物をする手順は、アマゾンやヤフオクなど、国内のネット・ショッピングと大きく異なるところはありません。**品物を検索して選ぶ、ショッピング・カートに入れて決済する、品物が届くのを待つ、商品が届いたら評価をする、という4ステップ**をイメージしておくと、迷わずに買い物できます。
なお、ｅＢａｙで商品を買う方法について、さらに詳しく知りたい人向けに、読者特典として解説動画（４本で約40分）を設けていますので、参考にしてください（巻末ページ）。

そして、**目標とするフィードバックの数は、できれば30件以上**が望ましいです。これくらいの数があると、お客さんも安心するかと思います。

買い物をすることでお金を使うことになるわけですが、目的は購買体験と評価数の蓄積ですから、あまり大きなコストをかける必要はありません。商品代金と国際送料の合計でなんと1ドル前後で売られている品物もありますので、低コストで買えるものを選ぶとよいでしょう。例えば、ニコン向けのレンズキャップや、使い終わった切手などは、送料込み1ドル前後の出品がたくさんあります。
「Nikon lens cap」や、「Old stamps」などのキーワードで商品検索した後に、安い順（Price+Shipping lowest first）で並び替えると、見つけやすいです。

また、コストをかけずに買い物の件数を伸ばす方法として、低単価のモノを買うほかに、日本で買う予定の品物をｅＢａｙで買う、という方法もあります。すでに買うことが決まっているのであれば、ｅＢａｙで買って経験と評価を蓄積すれば、無駄な支出を減らすことができます。

国際運送会社（クーリエ）のアカウント開設方法

eBay販売に先立つ事前準備としての第3段階は、国際運送会社の手配です。郵便局が提供する国際郵便を使う場合には、事前の段取りは必要ありません。窓口に荷物を持っていけば、受け付けてくれますが、DHLやFedexなど民間の国際運送会社を使う場合には、**事前にeBay出品者として顧客登録しておくことが必要です。そうすることで、一見さんとして取引するよりも、割安な運賃テーブルが提供され、国際送料を節約できます。**

特に、2020年の新型コロナウイルス蔓延後は、日本郵便がアメリカ向けのEMSやeパケット、SAL便などの輸送サービスの引き受けを停止しています（執筆時点）。eBay販売における最大マーケットであるアメリカ向けの運送サービスが、日本郵便から提供されていない状況下では、DHLやFedexを使うことを、強くお勧めします。

国際運送会社のアカウント開設には、通常、問い合わせ開始から1週間程度かかりますので、売れてから準備を始めていては間に合いません。段取りよく準備をしておきましょう。

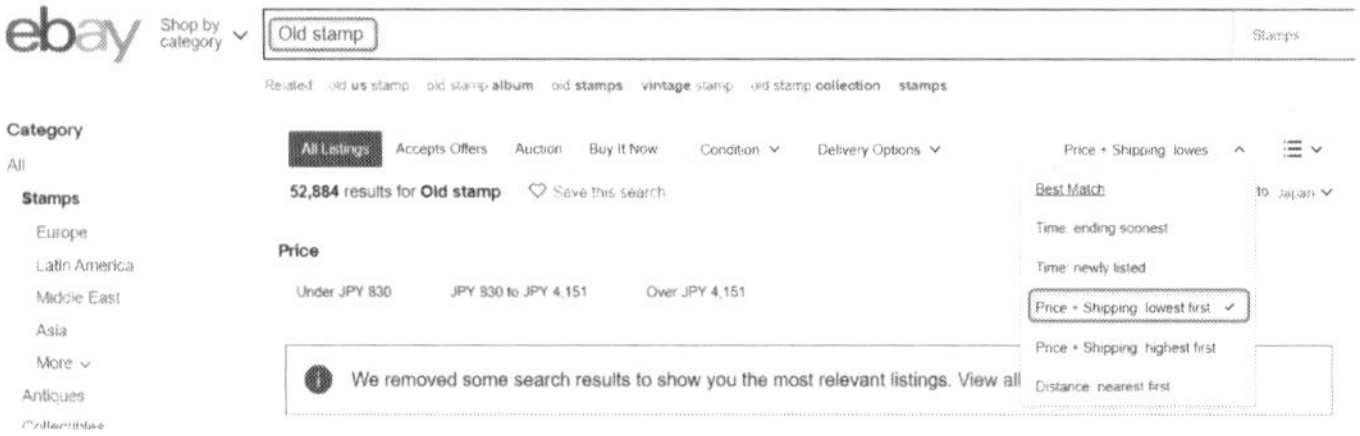

なお、ヨーロッパの主要国の中には、日本郵便提供の国際郵便で発送可能な国もあるようですので、詳細は郵便局ホームページや、問い合わせ窓口で確認してください。

これらの運送会社と取引しようと思って問い合わせすると、「個人ですか、それとも法人ですか？」と聞かれることがあります。これは、個人の場合は単発取引で、法人の場合は継続取引である、ということを前提に質問されているのです。当然ながら継続取引の場合には、割安な運賃テーブルが提示されます。

ところが、個人であっても単発取引に終わらず、継続取引になるケースがあります。それは個人事業主の場合です。ｅＢａｙで継続的に販売活動をしようとする個人は、法人格を取得していなくても、個人事業主として運送会社と継続取引することが考えられます。

ここで問題になるのが冒頭の質問です。「個人ですか、それとも法人ですか？」という問いかけがあった場合、カスタマー・

サポートの担当者が「個人なら消費者だから単発取引」だと思い込んでいるケースが考えられます。この質問を受けたときには、個人であっても**消費者ではなく、事業者（副業含む）として継続取引を希望していることを強調しましょう**。

私自身の経験としても、この質問に対して、個人だと回答したことがあります。その結果、そのクーリエとの取引開始が4年ほど遅くなり、その間、他社で割高の国際運賃を払い続けた苦い思い出があります。

また同じ運送会社の中でも、新しいサービスを受けようとする際に、「個人か法人か」という二分法で質問されるケースは多いのですが、個人事業主という第3類型が、法人と同様の取引条件を提示してもらえるケースがあります。運送会社の担当者とやり取りする際に上記の二分法が出てきたら、**個人事業主の扱いがどうなっているかを注意して、粘り強く確認しましょう**。

郵便局にはない、容積重量という運賃制度

クーリエを利用する際に気を付けたいのが、容積重量という概念です。容積重量は、5リットルを1kgとみなし、実際の重量（質量）と容積重量の重いほうの重量で運賃計算します。

例えば、**実重量が200gでも、体積が5リットル（つまり容積重量は1kg）なら、1kgの重さがあるとみなされて、実重量よりも割高の運賃が適用されます。**この容積重量計算は、日本郵便が提供する国際郵便の運賃体系では使われない概念です。初めてクーリエを使う方は気を付けましょう。

ところで、国際貨物の現場では、運送過程で荷物が衝撃を受けて壊れてしまうこともあります。そうした事故を減らす目的で、大きな梱包箱を使って、緩衝材をたくさん入れて発送すると、事故は減らせます。しかし逆に容積が大きくなって運賃が割高になるということも考えられます。そのため、事故防止と運賃節約のバランスをとった梱包材の選択に、注意しましょう。

なおDHLやFedexでは、**容積重量計算が適用されない例外条件が定められています。例えば、DHLの場合は、フライヤーと呼ばれる専用のビニール袋に入る大きさの荷物なら、容積重量計算は適用されないことになっています。**Fedexでも、同じような袋があります。

海外送料に気を使う理由は、単に出品者のコスト削減のためだけではありません。**送料が安いことでお客さんにもメリットがあり、送料は販売上の競争力を生み出す源泉です。無駄なコストを増やさないためにも、こうした取引条件をしっかり把握して、取り扱う商**

品カテゴリーや梱包材を選択しましょう。

英語が苦手なら翻訳ツールの活用でストレス軽減

事前準備の最後は、翻訳ツールです。eBayでの販売活動をする際に、中には英語に苦手意識を持っている方もいるかもしれません。そのような方でも、自動翻訳ツールを使いこなすことで、実際にeBayで個人輸出ができています。事前準備の一環として、自動翻訳ツールを準備しておくことをお勧めします。

ここでご紹介するツールは、Google Chromeの拡張機能として使うGoogle翻訳のプラグインです。インターネット閲覧ソフトであるGoogle Chromeに、プラグインとしてのGoogle翻訳を追加することで、使い勝手の良い翻訳機能を装備することができます。

ウェブ・ページとしてのGoogle翻訳とは別のモノになり、都度コピペをしなくても、英語表示の一部をマウスで選択するだけで、その部分の日本訳を表示させることができます。

例えば、次の図のように、画面上をマウスで選択すると、選択した部分だけの翻訳を表示させることができます。

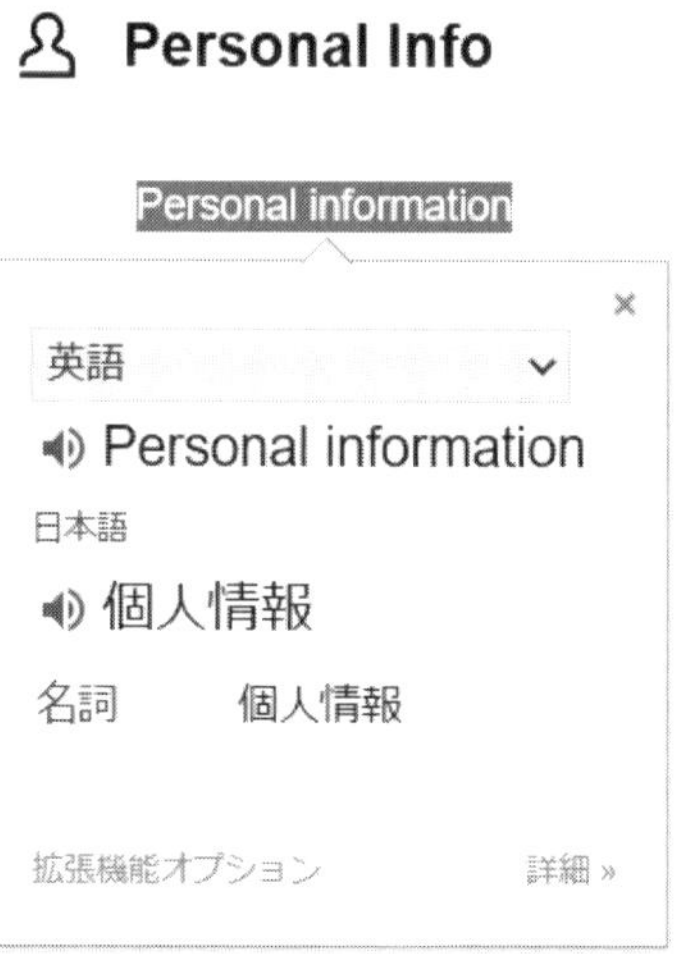

こうした翻訳機能をブラウザに付加しておくことで、必要に応じて柔軟に自動翻訳を活用することができます。

プラグインとしてのＧｏｏｇｌｅ翻訳をＣｈｒｏｍｅに追加する方法は、以下の通りです。

1．ブラウザとしてＧｏｏｇｌｅ Ｃｈｒｏｍｅを使い、Ｃｈｒｏｍｅウェブ・ストアにアクセスします（https://chrome.google.com/webstore/category/extensions?hl=ja）

2. Ｃｈｒｏｍｅウェブ・ストア内でＧｏｏｇｌｅ翻訳を検索して、表示されたアプリをクリックします。

3. その後、表示された画面上にある「Ｃｈｒｏｍｅに追加」という青いボタンをクリックします。「Ｇｏｏｇｌｅ翻訳を追加しますか？」という確認メッセージがでたら、「拡張機能を追加」をクリックします。その後「Ｇｏｏｇｌｅ翻訳がＣｈｒｏｍｅに追加されました」というメッセージが出れば、導入完了です。

4. Ｃｈｒｏｍｅ上に表示される英語をマウスで選択すると、その近くにＧｏｏｇｌｅ翻訳のアイコンが表示されるので、そのアイコンをクリックすると、吹き出しで日英対訳が表示されます。

eBayの画面に慣れてくると、おなじみの表示や英単語が増えるので、翻訳ツールを使用する頻度は減るかと思いますが、英語に不安がある方は試してみると、スムーズな取り組みが可能になるかと思います。

以上、ｅＢａｙ出品前の事前準備として、ｅＢａｙジャパン公式サイトや、ポータルサイトの閲覧・情報収集、ＩＤの取得、ｅＢａｙで買い物を体験する、国際運送会社のアカウント開設と理解、翻訳ツールの利用について解説しました。ある程度概要をつかんだら、いよいよ出品に挑戦していきましょう。

2

出品方法はこれで万全

出品ページ作成の流れとカタログ選択

それでは、実際に商品を出品していきましょう。具体的には、出品ページを作る作業になるわけですが、大きくは次のように5段階の入力・設定を行っていきます。

1カタログ選択、2商品情報、3販売方法、4取引条件、5販売促進です。

まずは、1番目のカタログ選択から始めるため、下記の操作を行います。

ebay.comにアクセス→画面右上 My eBay プルダウン・メニュー→ selling を選択→青いボタン List an item をクリック。

すると、カタログ検索メニューが表示されますので、販売しようとしている商品の名称を入力します。ここでは例として

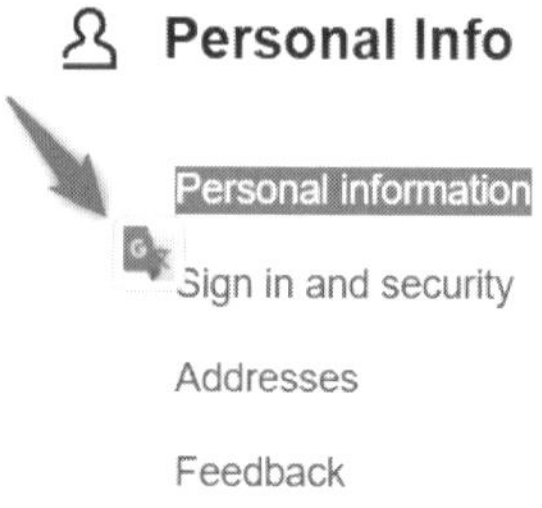

「Nikon AF 50㎜ f/1.4D」というカメラのレンズのカタログを検索してみましょう。

まずは検索キーワードとして、「Nikon AF 50 1.4D」と入力して、Get started をクリックします。

なお、キーワードとして㎜やFを省いていますが、キーワードはできるだけシンプルに入力することがコツになります。キーワードが多すぎる場合や複雑な場合は、検索にヒットする件数、つまり情報量が減る可能性があるからです。

まずは、シンプルで少なめに検索キーワードを入れて、検索結果の数が多すぎる場合には、改めてキーワードを増やして検索します。こうした段階的な構えで取り組むとよいでしょう。これはカタログ検索に限らず、Soldリサーチでも使えるノウハウになります。

カタログの検索結果を見て、該当するものを選ぶと、次の段階として商品情報の入力画面が始まります。また、カタログを使わないで出品を進めることもできます。その場合、カタログ検索結果画面を最下部までスクロールし、Continue without selecting a product という表示をクリックします。

なお、**以降はカタログを使わない前提で、説明を進めます**。これは、出品システムの仕様上、カタログの選択手続きが最初に来るのですが、中古品の場合、特にビンテージ品の

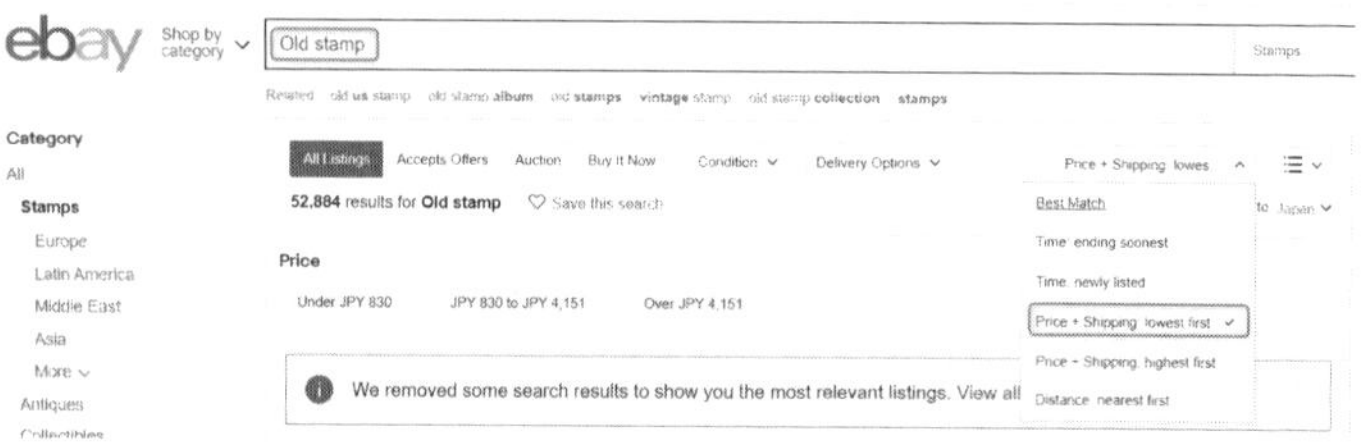

場合は、該当するカタログが存在しない場合がしばしばあるからです。

商品タイトルこそ、商品とお客さんの出会いの鍵

ここから先は、縦に長い出品編集画面の説明に入ります。出品編集画面を下にスクロールしながら、出品するために必要な入力項目を、上から順に埋めていきます。

まずは商品タイトルです。ｅＢａｙに限らずネットで品物を売る場合、商品タイトルは商品の看板であり、お客さんとの出会いの鍵になるので、とても重要です。

お客さんが商品検索のために入力するキーワードと、商品タイトルが一致していることで、検索結果の画面に商品が表示され、お客さんに選択してもらえるからです。**逆にキーワードが不適切だと、検索結果に表示されにくく、売れ行き不振の原因になりますので、注意しましょう。**

このように、**検索結果が売れ行きを左右するので、検索エンジ**

ンがどのような出品内容や出品者を好むのかを意識して、対策を立てることを検索エンジン対策、英語でSEO（Search Engine Optimization）と呼びます。出品ページの作り込みはSEOの一環として非常に重要です。出品ページ以外のSEOについては第6章で取り上げます。

商品タイトルには、半角で80文字入りますが、可能な限りたくさんのキーワードを盛り込みましょう。キーワードの多い少ないは、網の広さようなものです。網が広いほど、たくさん検索にヒットしやすくなります。しかし、関係ないキーワードを盛り込みすぎると、検索エンジンが品物の内容を判別しにくく、SEO上も逆効果になりますので、注意してください。

売れるキーワードの探し方

では、商品タイトルにはどんなキーワードを盛り込んだらよいのでしょうか？
基本的には、固有名詞と一般名詞を優先しつつ、文字数に余裕がある場合は、形容詞や、その他のセールストークとなるキーワードを盛り込みます。とくに、お客さんがどのようなキーワードで検索するかを想像しながらキーワード候補を考えることが秘訣です。

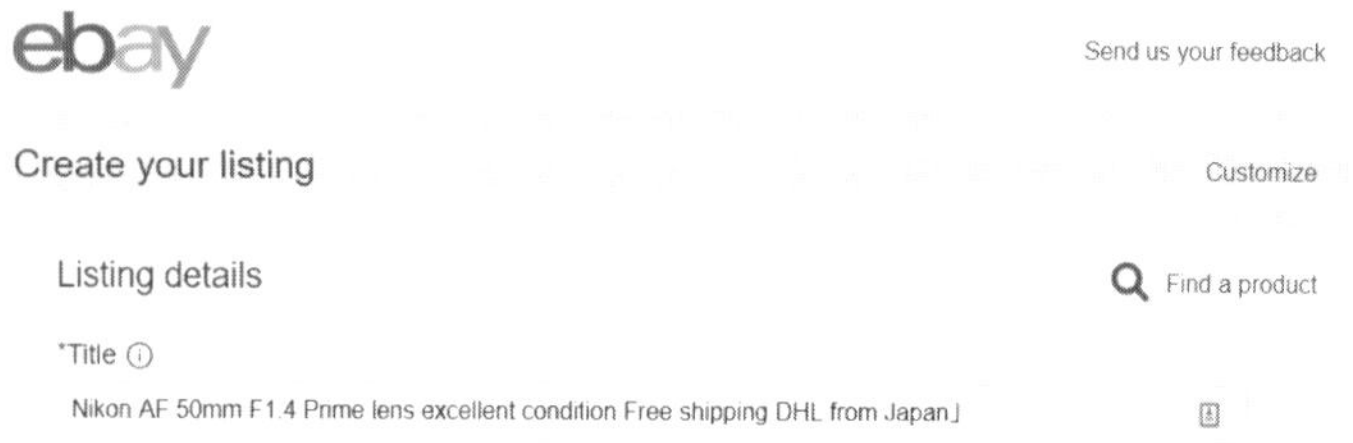

固有名詞ならメーカー名やブランド名、モデル名、型番などを記載します。**固有名詞で検索するお客さんは、買おうとしている品物を特定しているため、購買意欲が高い**傾向があります。販売促進のためにも、固有名詞はできるだけ盛り込みましょう。

特にビンテージ商品の場合は、製造番号を記載するケースもあります。特定の製造番号が人気だったり、ゾロ目の製造番号が希少価値を生む場合は、それもセールス材料になります。

次に一般名詞についてです。そこでは、その商品のスペックや、一般名称、商品カテゴリーの名称や、サブカテゴリーの名称を盛り込んでも結構です。

なお、文字数枠に余裕がある場合は、類義語も入れておきましょう。お客さんが、どの類義語で検索してもヒットするようにキーワードを仕込んでおくことで、より多くのお客さんに商品を探し出してもらいやすくなります。

例えば、「Nikon AF 50mm F1.4 Prime lens excellent condition Free shipping DHL from Japan」（78文字）という商品タイトル

を例に挙げて具体的に説明します。

「Nikon AF 50mm F1.4」が、メーカー名、モデル名です。カメラのレンズは、モデル名が特殊で、性能を表す焦点距離やF値をモデル名とする慣行があります。スペックは一般名詞と説明しましたが、この場合はモデル名に含まれています。

Prime lensは単焦点レンズのことで、一般名詞です。レンズというカテゴリーや、そのサブカテゴリーとしての「単焦点レンズ」を盛り込んでいます。このほか、Bright lens（明るいレンズ）など、**名詞と形容詞と組み合わせてセールストーク**を入れても結構です。

同じモデルでも色やサイズのバリエーションがある場合には、それらをタイトルに入れておきましょう。特定の色が人気である場合もあり、色で検索するお客さんもいるからです。これは、特に洋服など、ファッション関係の品物を出品する際には重要です。

excellent condition（状態良し）や、Free shipping（送料無料）も、セールストークです。ＤＨＬは固有名詞ですが、新型コロナの影響で国際郵便が動いていない場合には、それを知っているお客さん向けに、商品発送について安心いただく材料としてセールストークにしています。

最後のFrom Japanについてですが、ｅＢａｙでは、日本人出品者の評判が高く、信頼される傾向があることをセールス材料として利用しています。

以上、一般論としての商品タイトルの作り方を説明しましたが、**実務上は、Ｓｏｌｄリサーチを使って過去の販売実績ある出品のタイトルを参考にすると効率的です**。商品タイトルに限らず、スペックや、商品説明などの入力においても、過去に売れた実績のある商品と同じモノを売るなら、その販売実績を参考にしない手はありません。特に、海外のネイティブ出品者の英語表現は勉強になります。

また、Ｓｏｌｄリサーチ以外にも、メーカーのホームページや、日本国内のネットショップを調べて、同じ商品がどんなタイトルで売られているかをさぐると、参考になります。

カテゴリー、ＵＰＣ、コンディション

Category（カテゴリー）は、商品ジャンルのことですが、出品編集ページ上に表示されている候補の中から、一番近いものをクリックして選びます。あとで変更することもできます。

ＵＰＣとは、製品モデルの識別番号のことで、日本製品を売る場合にはＪＡＮコードを入力します。ＪＡＮコードは、メーカーのホームページや、商品が入っていた箱などに表

示されているバーコードの下に記載があることが一般的です。

JANコードがわからない場合は、プルダウン・メニューから Does not apply（該当なし）と入力しておきましょう。大事なことは、UPC欄を空欄のままにしておかないことです。空欄にすると、検索結果に表示されにくくなり、売れ行きが鈍る要因になります。

ただ、一部のカテゴリーでは、UPCの入力欄がないケースもありますので、その場合は気にせずに、次の項目の入力に進みます。

Condition（コンディション）は、プルダウン・メニューから該当するものを選びます。正常に機能する中古品を出品する場合は、Used（カテゴリーによっては Pre-owned）を選びます。Used を選択すると商品の状態を文面で記載する Condition description（状態説明）の入力欄が開きますので、必要な内容を記載します。

後に出てくる Item description（商品説明）と内容が重複しても構いません。

1枚目の写真をPR力あるものにする4つのポイント

商品写真は、お客さんに対して品物を印象付ける非常に重要な情報になります。お客さんは、探している品物をキーワード検索しますが、その後に現れる商品リストの画面は、皆さんが売ろうとしている自分の商品だけでなく、競合の商品が大量にリストアップされた表示になります。

並みいる競合出品者の中で、自分の商品をクリックしてもらうことが、販売促進上重要になります。そのためには、一定のPR力のある商品写真であることが必要になるのです。以下、PR力がある写真を準備・掲載するポイントについて解説していきます。

まず重要なのが1枚目の写真です。検索結果が出てくる直後の写真であり、売り物としての顔になります。これをお客さんにクリックしてもらえるかどうかが勝負になります。ここで他の出品者の商品の写真をクリックされると、そのまま購入されて有望なお客さんを見逃すことになりかねません。

お客さんと商品との出会いの1枚であり、第一印象を決める写真です。「勝負の1枚」となる写真として、その重要さを理解することが出発点になります。

重要なことは、大きな写真であること、そして明るい写真であること、背景が白い写真であること、付属品が多く見える写真であること、以上4つになります。個別に説明していきます。

まず「大きな写真であること」についてです。お客さんの商品検索結果に出てくる直後の画面では、たくさんの競合商品の写真が並びます。しかし、いずれも小さなサムネイル写真です。ここで、写真のフレーム枠に対して商品が小さく映っていると、お客さんから見て自分が探している商品かどうかがわかりにくくなるのです。

そこで、**写真はフレームいっぱいに、余白がほとんどないくらいに、大きく商品を写すことで、お客さんが探し出しやすくする、識別しやすくする工夫が重要**です。

2つ目に「明るい写真であること」について。これはお客さんの心象に大きく響くため、重要なポイントになります。**暗い写真は、それだけで購買意欲を低減**させます。出品編集画面に写真をアップロードする場所には、写真の明るさを調整する機能が付いています。撮影時に暗くなった場合、後で写真アップロード時に調整することも可能です。

3つ目は、「背景が白いこと」についてです。これは白のほうが売れやすいというデータがあるためです。過去にeBayが出品者向けに行ったセミナーの中で強調していました。理屈的にも、中古品を売ろうとしている中で、背景に生活感が漂う部屋の一部が映っていると、商品の使用感が増すようなマイナスの心理的な作用が生じかねないと思われます。

なお、背景に白いシートを使って撮影すると、若干灰色を帯びた白に撮影されることがあります。ただ、それくらいであれば大丈夫です。完全な白でなくても問題はありません。

4つ目に「付属品が多く見えること」については、付属品があることが前提ですが、お得感を演出するために重要なポイントになります。同じ値段で買うなら付属品が多いほうがコスト・パフォーマンスの良さをPRできます。

もちろん付属品は脇役ですから、主役を邪魔してはいけません。主役である商品の脇や背後に配置して、ちらっと見える程度に置けば結構です。付属品の一部がフレームの外にはみ出しても構いません。付属品があるということをPRできれば十分です。

ところが、中には1枚目に主役となる商品だけを配置して、付属品を2枚目以降の写真に持ってくる出品者もいます。これでは、せっかくのPR材料となる付属品を、十分に有効活用できないことになります。その場合には改善することをお勧めします。

以上、1枚目の写真のPR力を高めるポイントを4つ紹介しましたが、左の写真で4つのポイントを確認してみてください。そして、特に最初の3つのポイント（付属品以外）は、2枚目以降の写真にも共通します。

2枚目以降の写真で売上をモノにする3つのポイント

2枚目以降は、検索結果の一覧から、お客さんが商品をクリックした後で、「購入するかどうかを検討する」段階に入っています。ここで重要なことは、**買うという最終判断を**

*Photos (9)
Add up to 3 more photos
NIKKOR
Nikon
0
0
Save
Cancel

下せるだけの十分な情報提供をすること、そしてお客さんの不安を取り除くことです。

十分な情報量がある写真を掲載すると、不安材料も払拭できて売れやすくなります。そのためには、**写真の枚数はできるだけ多く（できれば12枚）、死角がない、PR材料を拡大して掲載する、以上3点が大切**になります。

まず写真の枚数を多くすることについて。eBayでは、写真の枚数と、売れ行きとの間に比例関係が生じ、枚数が多いほど売れやすくなる傾向があります。売れやすくなる背景としては、お客さんが購入にあたって、必要とする判断材料が多いこと。もう1つはeBayが方針として写真を多く載せることを推奨しているため、**SEO的にも写真が多いほうが優遇されていると思われる**からです。

eBayでは、標準機能として12枚まで写真掲載が可能です。ここで私がよく受ける相談は、「上下・左右・前後の6面を撮影したらそれ以上撮影するものがない」というお悩みです。このような場合は、部分的なアップ写真や、商品の中の写真などで、枚数を増やす工夫が可能です。

2つ目に、死角がない写真にすることについては、複数の写真を掲載して、お客さんが外観の傷の有無や程度を確認できない場所をなくすことがポイントです。**どこかに死角があると思うとお客さんに不安が残って、決断に至る前に、他の商品に逃げられてしまうリ**

スクが増えます。

また、**死角の有無については、角度だけでなく、写真の並びも重要**です。写真の順序が不規則だと、死角がどこにあるかがわかりにくくなるからです。

3つ目に、「PR材料を拡大した写真」です。例えば限定モデルであれば、その限定性、つまりPR材料が明確にわかるようなロゴや表示があるはずですから、それが見える写真を入れておくことです。また人気の製造番号であれば、その製造番号をアップにして写真に切り取れば、お客さんのハートに響きます。

さらには、商品によっては、壊れやすい場所があります。洋服であれば、裾や袖のほつれがあるでしょうし、ビンテージ・カメラの場合は、電池を入れたまま長く保存すると、電池ボックス内で乾電池の液漏れが起きることがあり、これは古いカメラには共通して生じる可能性がある不具合です。そのため、電池ボックス内の状態が良い場合には、その写真をアップにして掲載することが、安心材料、PR材料になって売れやすくなります。

Item Specific（商品の仕様）で絞込検索から売上を伸ばす方法

次は、Item Specific の入力です。Specific というのは、日本語でもスペックという言葉で表現されますが、商品の仕様のことです。入力欄は、大きく Required（入力必須）、

Recommended（入力推奨）、**Additional**（任意）と分かれますが、可能な限りたくさんの項目を埋めておきましょう。

その理由は、絞り込み検索にヒットさせるためです。お客さんが最初にキーワードで商品検索すると、たくさんの類似商品が検索結果にヒットしますが、次の段階としてお客さんが行うのが、絞り込み検索です。特定の色やサイズ、機能だけが検索結果に表示されるように、検索結果を絞り込んでいくのです。

この際、出品者が **Item Specific** を入力していないと、そのスペックで絞込検索したお客さんの前に商品が表示されなくなり、当然ながら売れなくなります。これを避けるためには、**できる限りたくさんの Item Specific を入力しておくこと**が大事です。

例えば、左の写真はカメラのレンズを出品する際の **Item Specific** の入力欄ですが、Focal length（焦点距離）で2.5M searches、Maximum Aperture（開放F値）で1.4M searchesと表示されています。これは、それぞれのスペックで、過去30日間に２５０万回とか、１４０万回（Mは１００万回）検索されたことを意味しています。

もし、これらのスペックを入力していないとすると、２５０万回とか、１４０万回の検索結果に表示されないことになり、大きな機会損失を生みます。このため、**Item Specific**

は可能な限りたくさんの項目を埋めておくことが得策になります。

出品しようとしている**商品のスペックを調べるには、メーカーのホームページや、カタログ、説明書を調べます。わからない場合は、サイズなら自分で測定したり、他の評価（Feedback）の多い出品者の出品情報を参考にしつつ、誤記載に注意して入力**していきます。

ところで、先の画像の入力欄の下にFrequent（頻出）という表示が見えますが、これはお客さんが、そのスペックでの絞込検索を頻繁に行っていることを示唆しています。例えば、Focal lengthの場合は、50㎜や35㎜、Fixed/Primeというスペックで、よく絞り込み検索されているということです。つまり売れ筋商品のスペックという貴重な情報です。こうした情報を仕入れや出品に活用すると、売上を伸ばせます。

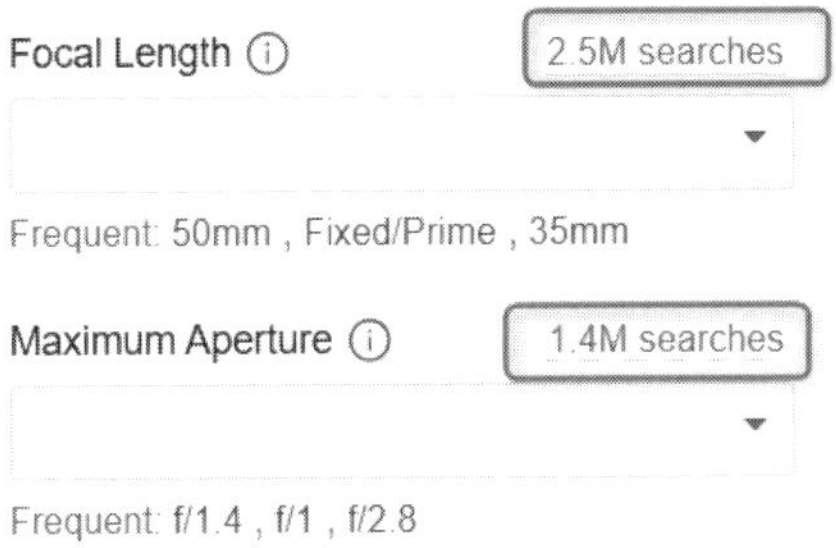

Item description（商品説明）の書き方

Item description（商品説明）に記載すべき情報は、商品名や、中古品として状態、商品のスペックですが、そのほか、付属品のリストや、売却の理由なども記載します。

また、本来は商品説明とは違いますが、取引条件として発送方法（到着までの時間、追跡番号の有無など）、支払方法、返品条件を記載することが慣行化しています。

いずれも、Item description 以外の入力項目と重複していても構いません。**記載内容は、同じ商品を販売している経験豊富な他の出品者を複数探して参考**にすれば、初心者には取り組みやすいです。

見栄えをよくしたい場合には、画面右寄りにある Advanced editing をクリックすると、フォントの種類やサイズを編集するメニューが出ますし、Free eBay templatesなどのキーワードでグーグル検索すると、カラフルで、見出しの整った、テンプレートを入手できます。

また、スマホで閲覧するお客さんが見やすいように、配慮するとよいです。例えば、大きめのフォントサイズを使ったり、改行を多めに入れて、読みやすくしましょう。

Selling details（販売形態）の設定方法

次は、販売方法の設定です。ｅＢａｙで販売するには、オークション販売と、通常の販売方法である定額販売という2種類の方法があります。

定額販売は、Fixed price（定額）やBuy it Now（今すぐ買う）という2つの呼び方があります。

オークション販売は、期間を設定して販売するため、売れる時期（入金の時期）を予想しやすいところがメリットです。しかし逆に、いくらの売り値が付くかが、事前に見通せない点がデメリットです。オークションの開始価格を高めに設定すれば、それ以下の値段で売れることはありませんので、想定外に安く売るリスクは回避できますが、他方で入札が入らないリスクもあります。

定額販売では、お客さんにとっては、今すぐ買うことができること、そして出品者にとってはオークションよりも高く売りやすい点で、それぞれにメリットがあります。しかし、出品した価格でいつ売れるかは、事前に見通せない点がデメリットです。

オークションと、定額販売それぞれの長短を理解して、使い分けてください。

Fixed price（定額販売）の設定方法

Fixed price（定額販売）の設定方法について。selling details欄にあるFormat（販売形態）のプルダウン・メニューからFixed priceを選択すると、定額販売の各種設定欄が表示されます。

Duration（出品期間）は、Good'Til Cancelled と表示されますが、これはキャンセルされるか売れるまで、30日ごとに自動再出品されて、商品が掲載され続けるということです。オークションの場合には、開催日数を設定できるのですが、定額販売の場合、他の選択肢はありません。

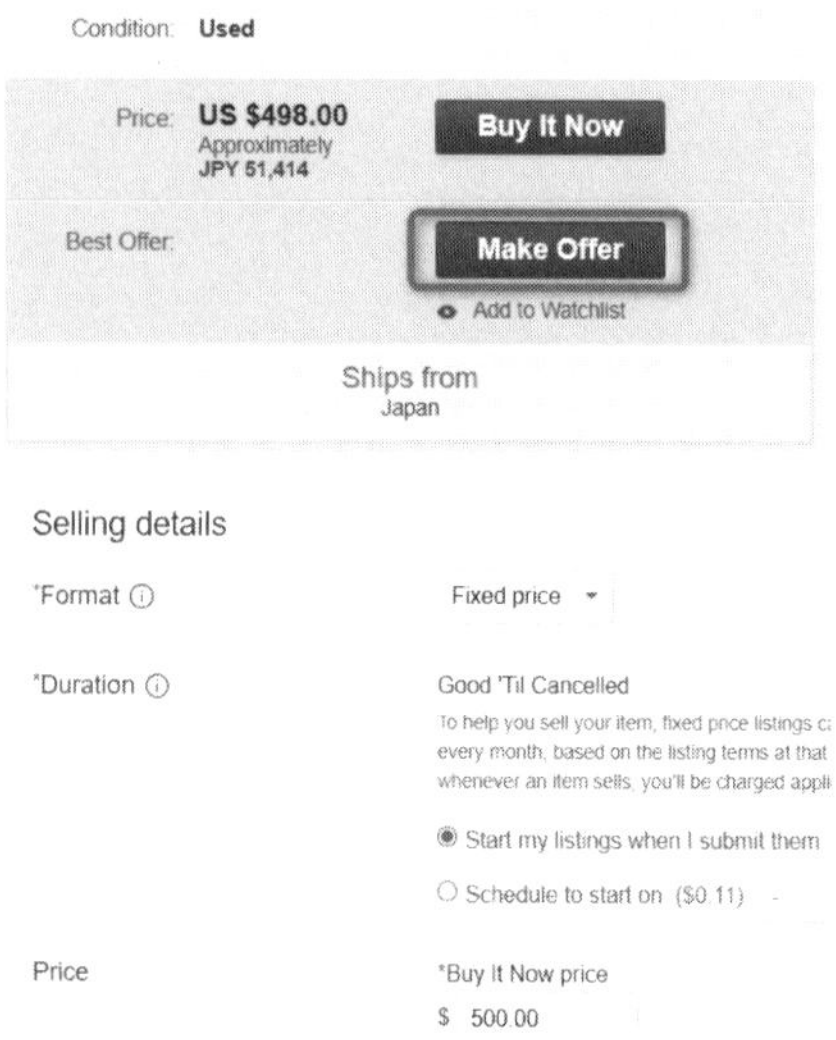

販売価格は、Buy It Now price の欄に、希望販売価格を掲載します。**事前にSoldリサーチなどで売値の相場を調べて、希望販売価格を決めておきます。**あとで設定するお客さん負担の送料（受取送料）を無料にする場合には、商品の販売価格に送料分を加味しておきます。

Best Offer（価格交渉）の設定で販売を加速

Best Offer のチェックボックスをＯｎにすると、お客さんが見る商品ページに、価格交渉を打診するボタン（Make Offer）が表示されます。多少値引きに応じてでも、急いで売りたい場合には有効です。

なお、Make Offer が表示されると、極端に安い価格での打診が来ることも頻繁にあり、煩雑になります。

そこで、値引き交渉を自動化するために、次の自動受諾（拒絶）設定を行います。

Automatically accept offers of at least ＄○
Automatically decline offers lower than ＄△

例えば、写真のように○のスペースに４５０と入れておけば、４５０ドル以上の販売価格は自動的に受諾する設定が可能です。逆に△のスペースに４００と入力しておけば、４００ドル未満の金額は自動的に拒否します。

４５０と４００の中間的な金額の打診は保留されて、出品者が受諾するかどうかを、後で決めることができます。なお、Best Offer は、定額販売でもオークション販売でも、

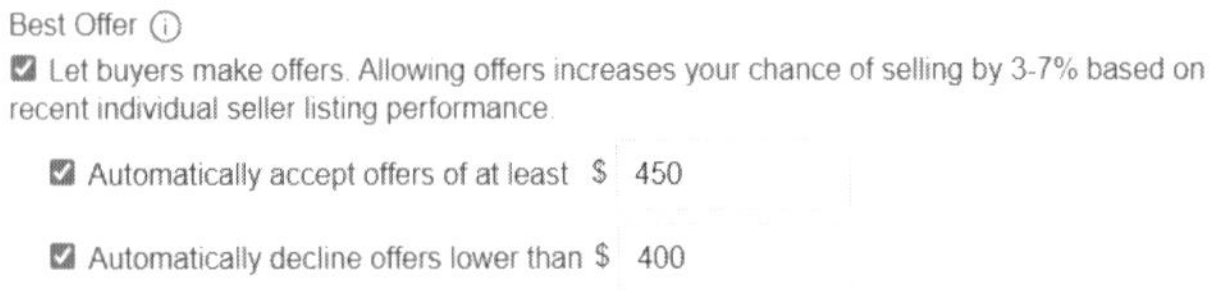
Best Offer
Let buyers make offers. Allowing offers increases your chance of selling by 3-7% based on recent individual seller listing performance.
Automatically accept offers of at least $ 450
Automatically decline offers lower than $ 400

どちらでも設定可能です。

残った Quantity 欄は出品する数量を入力します。中古品の場合は、同じ状態のモノは1つしかありませんので、通常1を入力して進めます。

オークション販売で米国ゴールデン・タイムに販売

オークション販売する場合は、format 欄のプルダウン・メニューから Auction-style を選択します。

次に、Duration（出品期間）の項目では、プルダウン・メニューからオークション期間を設定します。1、3、5、7、10日の中から選択可能です。オークション期間を長く設定すると、たくさんの人に見てもらいやすくなりますが、他方で終了日が遠いと、入札が入りにくくなります。

逆に短く設定すると締め切り効果で入札を促す効果が高まりますが、出品を見てもらえるお客さんが期間的に限定されますので、

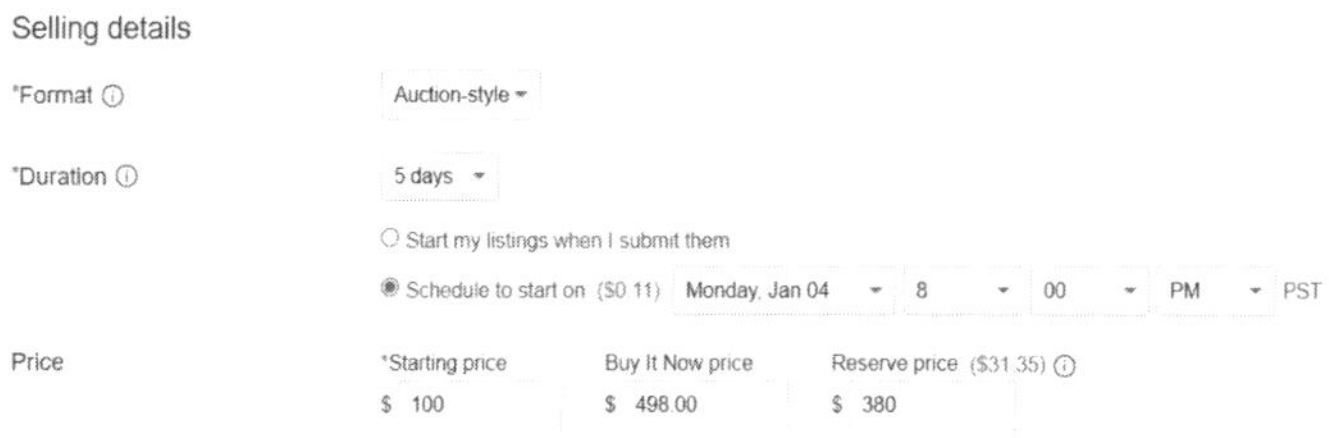

こうした長短を考慮して決定します。

定額販売と異なり、**オークション販売の場合は、終了時間が午後8時から11時の時間帯になるよう設定すると入札が入りやすく、結果的に落札価格が高くなる**傾向があります。

仕事や夕食が終わって、ゆっくりパソコンに向かうお客さんが多い時間帯になるからです。日本のヤフオクでも、終了時間を午後9時から11時にしている出品者が多いのは同じ理由からです。

ｅＢａｙとヤフオクが異なるのは、ｅＢａｙでは「開始」日時を設定する点です。ヤフオクでは終了日時を設定しますが、ｅＢａｙでは「開始」日時を設定する点に注意が必要です。

アメリカでは西海岸が午後8時のときに、東海岸が11時ですので、出品編集画面で8時（ＰＳＴ西海岸標準時）を選択すれば、東海岸までアメリカ本土全体を、売れやすい時間帯でカバーできます。一方で、開始日時を設定しないで出品する場合には、出品編集画面の完成と同時に出品することになります。

ところで、オークション販売では3つの価格設定が可能です。**Starting price**（開始価格）、**Buy it Now price**（即決価格）、**Reserve price**（最低落札価格）の3つです。**Starting price** だけは入力必須で、後の2つは任意になります。

Starting price は文字通りオークションの開始価格で、これが小さい金額であるほど、注目を集めて入札が入りやすくなりますが、安く落札されるリスクも高まります。

Buy it Now price は、オークションの終了時間を待たずにお客さんが買うことができる価格です。これを掲載することで、販売タイミングを前倒しできる可能性が高まる点がメリットになりますが、この価格を上回る入札が入るチャンスがなくなる点がデメリットです。

最後の **Reserve price** は最低落札価格ですので、これを設定しておけば、この価格を下回る入札でオークションが終了した場合でも、オークションを不成立にすることができ、不本意な落札価格で商品を販売するリスクがなくなります。

Shipping details（発送方法）は隠れた販売促進策

eBayのような越境EC（国境を跨ぐ通信販売）において、発送方法の情報は大変重要です。お客さんにとっては、品物がいつ届くか、安全に届くか、送料は高くないか、追跡が可能か、などなど、さまざまな点で不安が生じます。そのため、発送設定においてお客さんに安心材料を提供できることが、販売の成功につながります。

私自身の経験としても、お客さんからの評価内容として、発送関係のコメントをいただく頻度は、商品それ自体と同じくらい多いです。それくらいお客さんにとって、関心が高い項目だということです。

Shipping details（発送方法）の設定欄は大きく3つに分かれています。

・Domestic shipping（アメリカ国内向け発送）
・International shipping（アメリカ以外の国向けの発送）
・Exclude shipping locations（発送除外国）

以上3つの設定です。

なおeBayはアメリカのショッピングサイトなので、国内といってもアメリカを指しますので、ご留意ください。

Domestic shipping の欄では、送料の計算方法、Services（運送手段）、ハンドリング・

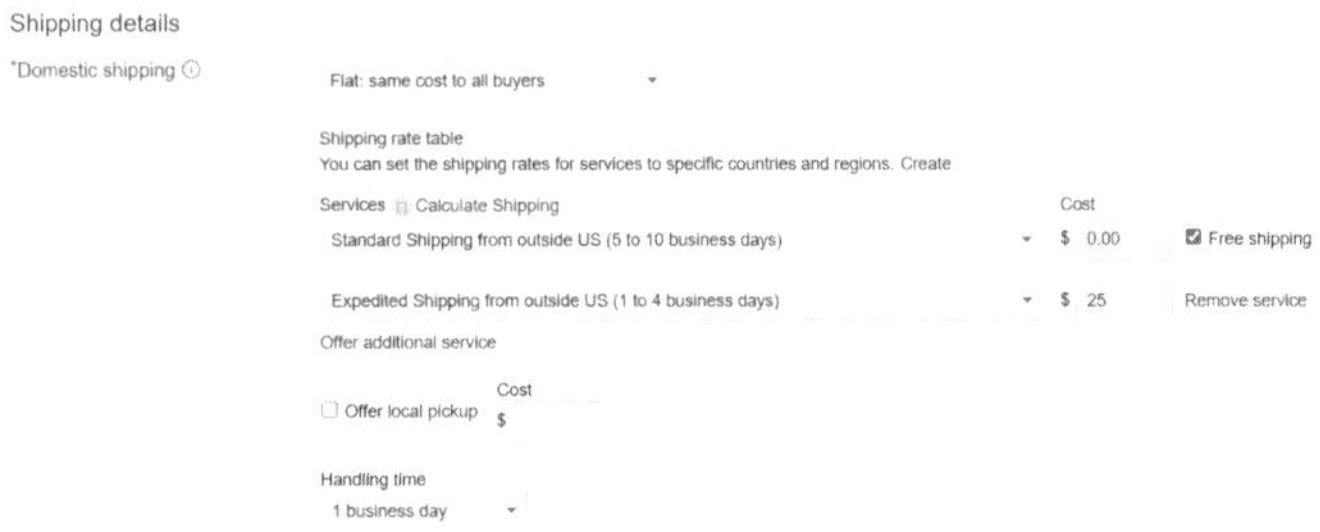

タイムの3つを設定します。

まず、送料の計算方法ですが、プルダウン・メニューにある4つの項目から1つを選択しますが、eBay初心者は一番シンプルな **Flat: same cost to all buyers**（一律送料）を選択してください。

次に **Services**（運送手段）の選択ですが、プルダウン・メニューの中から該当するものを選びます。メニューにはたくさんの項目が表示されますが、日本から発送する出品者は、以下3つの中から、いずれかを選択します。

（1）Economy Shipping from outside US（11 to 23 business days）
　郵便局のeパケットやSAL便を使う場合
（2）Standard Shipping form outside US（5 to 10 business days）

EMS（やDHL、Fedex）を使う場合

（3）Expedited Shipping form outside US（1 to 4 days）

DHLやFedexを使う場合

Cost（送料）の欄には、お客さんに負担して貰う（つまり出品者がお客さんから受領する）受取送料を記載します。**受取送料は、出品者が運送業者に支払う実運賃と一致している必要はありません**。受取送料を無料にして出品する場合は、**Free shipping** にチェックを入れます。

なお、**Economy** は低コストだがやや遅い、**Standard** は送料・スピードともに標準的、**Expedited** は早いが割高、という分類になります。

DHLやFedexを使って発送する場合は、（3）を選択して構いませんが、万一遅れた場合に備えて、慎重にやりたい出品者は（2）としておくと、クレームを減らしやすいかと思います。各位のご判断で設定いただければ結構です。選択肢の括弧内に示された日数がお客さんに提示されますので、それを超えない手段で発送しましょう。

以上の説明は、発送方法を1つだけお客さんに提示する場合を前提にしています。しかし、販売促進のために、複数の発送方法をお客さんに提示することも有意義です。

その場合には、**Offer additional service** をクリックすれば、発送手段を追加できます。そうすることで、お客さんに複数の運送手段の中から、ニーズに合う発送方法を選択してもらうことができ、販売促進につながります。

次に、**Handling time**（ハンドリング・タイム）の設定について。これは、販売・入金されてから、出荷までの経過日数のことです。「その経過日数以内に出荷します」という約束をする設定です。お客さんは、ハンドリング・タイムと発送方法を見て、到着日を予想しますので、重要な情報になります。例えば、ハンドリング・タイムを **1 Business day** に設定すると、入金されてから、1営業日以内に発送することを、約束したことになります。**ハンドリング・タイムは、日本のカレンダーに基づいて営業日がカウントされます**ので、土日祝日は、経過日数としてカウントされません。例えば、**1 Business day** を選択した場合は、1営業日（つまり翌営業日）の23時59分までに発送する約束をしたことになります。

仮に金曜日に入金されると、翌営業日は月曜ですから、月曜日の23時59分までに出荷して、追跡番号をｅＢａｙの販売管理画面に入力すれば、ハンドリング・タイムの約束を履行したことになります。もし、月曜が祝日なら火曜の23時59分までに出荷すればよいことになります。

一般的には1から3営業日以内で発送する出品者が多いようです。お客さんとしても、その程度でしたら、合理的な期間として納得してくれます。

International shipping（国際発送）の設定方法

次に、International shipping の設定について。送料の計算方法は、Domestic shipping の場合と同様に、Flat: same cost to all buyers（一律送料）を選択することを推奨します。

Services（運送手段）は、下記の3つのメニューの中から該当するものを選択します。

（1）Economy international shipping
郵便局のｅパケットやＳＡＬ便を使う場合

（2）Standard international shipping
ＥＭＳ（やＤＨＬ、Ｆｅｄｅｘ）を使う場合

（3）Expedited international shipping
ＤＨＬやＦｅｄｅｘを使う場合

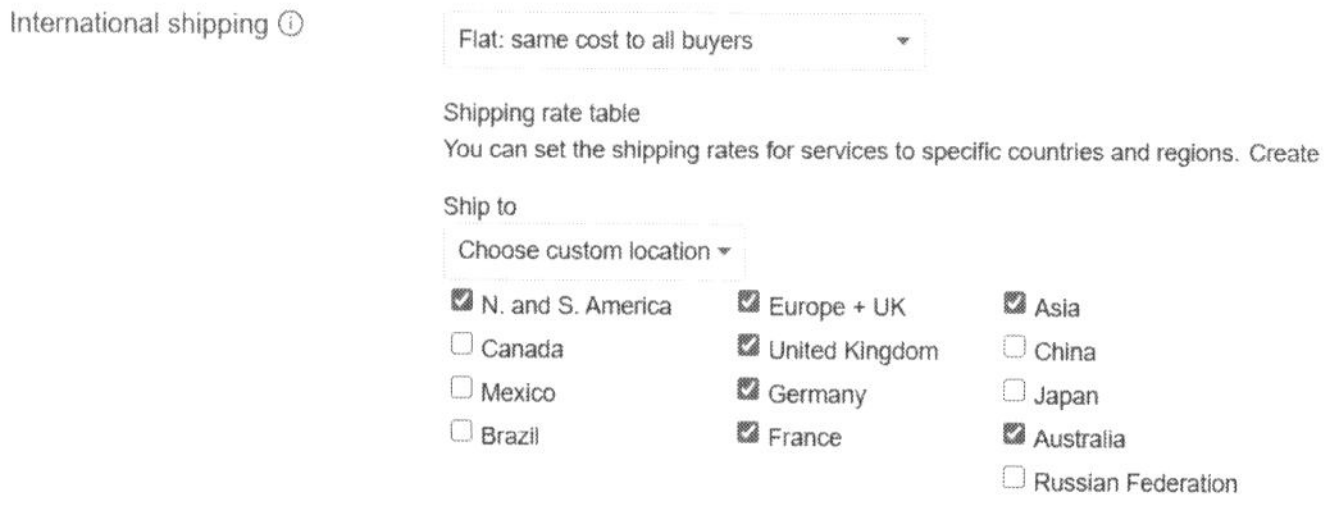

DHLやFedexを（2）とするか、（3）とするかは、Domestic shipping の場合と同様に判断します。

Ship to（発送先）の欄については、2つの方法があります。1つ目は、Choose custom location を選択する方法です。表示される発送先を積極的に選択するポジティブ・リスト形式で、アメリカ以外の発送先を選んでいきます。

表示される発送先は、eBayマーケットの主要国をカバーしていますので、初心者のうちは Choose custom location を選択するとよいです。そのうえで、発送先の国・地域を選択していきます。

他方で、Ship to 欄で World wide（全世界）を選択すると、主要国以外の国々にも出荷する設定になりますので、Choose custom location よりも、一層たくさんのお客さんに買ってもらいやすくなり、売上増に貢献します。

しかし、郵便局のＥＭＳを使った発送をする場合や、クーリエを使う場合は、特定の国へは発送ができないケースがあること、また特定の国は割高で採算割れするケースがあります。そのため、World wide を選択した場合でも、発送除外する国を設定することが必要です。

そこで必要になるのが、発送除外国設定です。発送除外国設定は、Create exclusion list（除外国リスト作成）をクリックして、出荷先として除外したい国を選択するだけです。

先ほどの Choose custom location がポジティブ・リスト形式だったのに対して、World Wide と発送除外国設定の組み合わせは、ネガティブリスト形式の発送先設定だと理解できます。こう考えると頭の整理がしやすいです。

Sell it faster（販売促進）で広告を味方につける

次に、Sell it faster（販売促進）ですが、これは販売促進策のことで、有料広告などのことです。販売方法として定額販売（Fixed price）を選択している場合に使えます。ここでは、成果報酬型の有料広告である Promoted listing（プロモーテッド・リスティング）について説明します。

プロモーテッド・リスティングは、成功報酬型の広告ですから、売れた場合だけ広告費

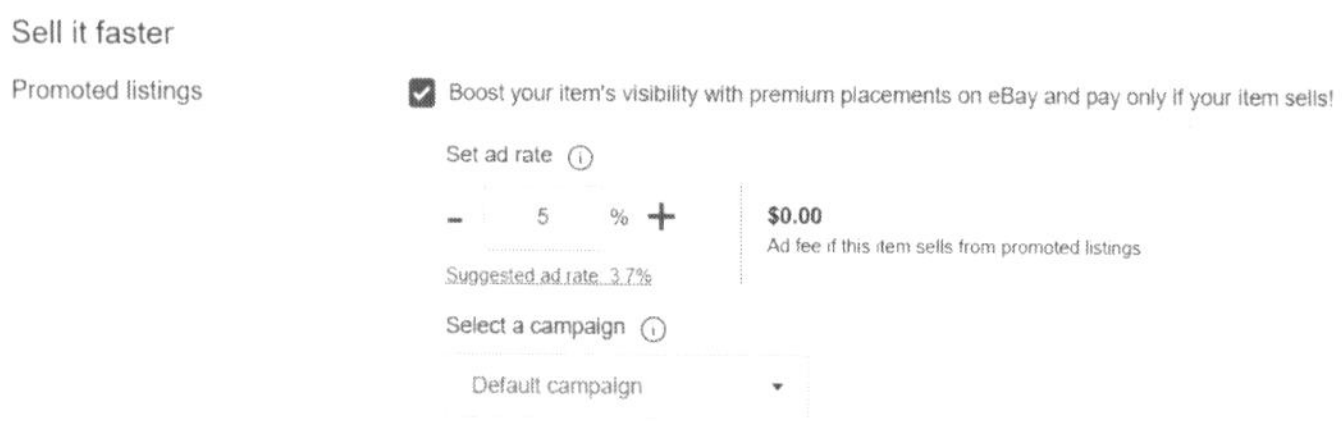

が課金されます。広告費は販売額に対する%で決定されますから、事前に見通しが立ちます。クリック課金のように、広告費がいくらになるか、事前にわからないというリスクもありませんから、利益計算（第4章で詳解）に気を付けながら積極的に使ってみましょう。

画像のようにPromoted listingの右側にチェックを入れて、報酬額を%で登録します。%が大きいほうが、広告としての露出頻度は高まるようですが、まずはSuggested ad rate（eBayが提案する%）を使って様子を見ながら、実績を見て上下させるとよいです。高くしすぎると、コスト・パフォーマンスがよくないケースが生じます。

直前の見直しでミスのない出品を

これまでの説明を通して、出品編集画面の入力欄を上から順に埋めてきました。出品編集画面の末尾に、Feesという見出しで、出品手数料の合計が表示されます。出品手数料には無料枠があるので、出品数が少ない場合には課金されないのですが、出品の内容次第で

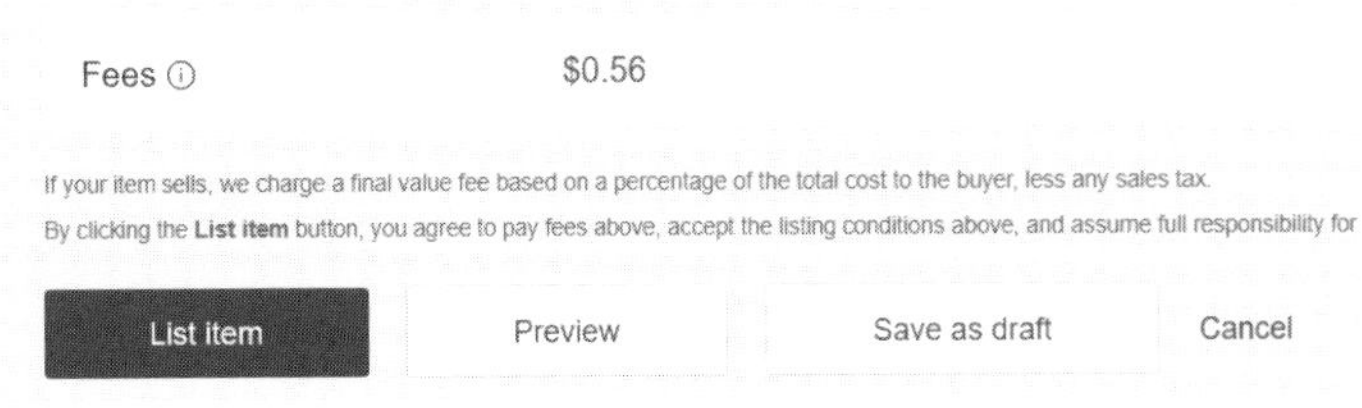

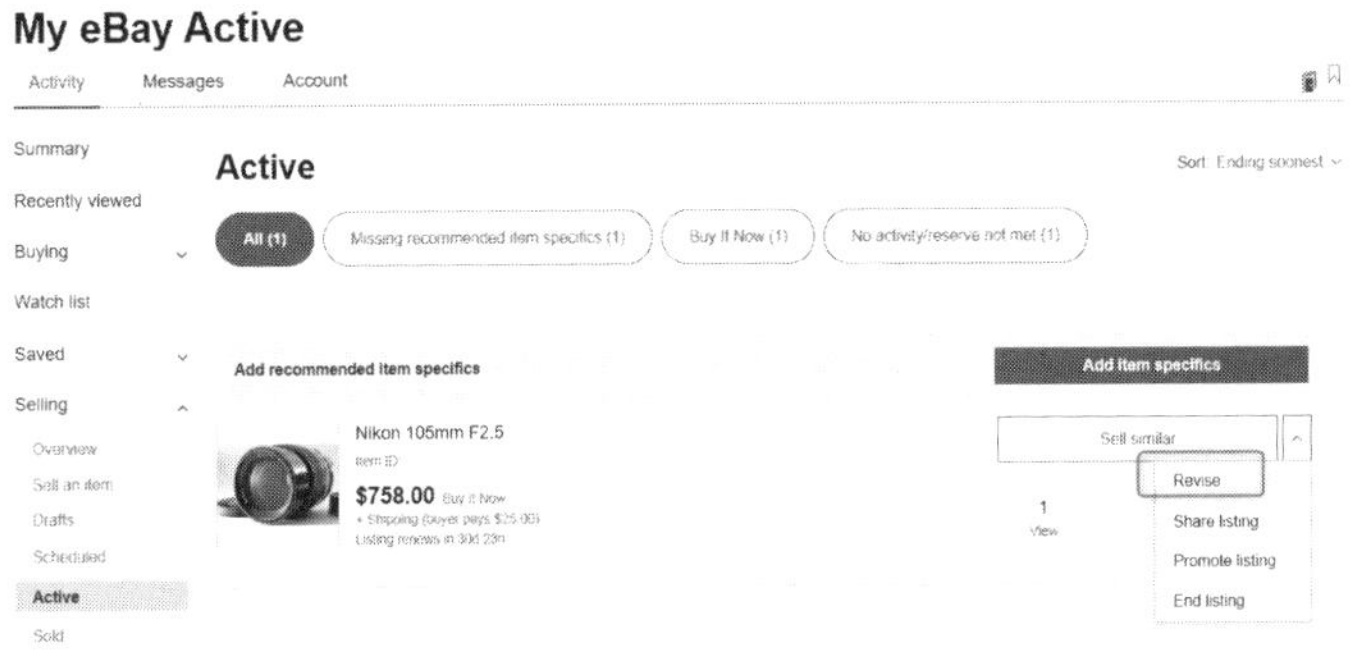

は、オプションとしての出品手数料が課金されていきます。**金額をクリックすると内訳が表示されます。**例えば、Auction-style での出品時に Buy it Now price や Reserve price を設定すると、オプション手数料が上乗せされます。Feesの金額を確認しながら、設定項目を加減していくとよいです。もちろん、課金される項目の入力をしないでおけば、オプション手数料を上乗せされない形で出品することも可能です。

最後に、Preview ボタンで出品結果を確認して、その後に List item ボタンで正式に出品します。Preview 画面では、お客さんが見る商品画面が閲覧できますので、最終チェックを行った後に、正式出品します。

出品できたかどうか心配な場合は、画面右上 My eBay にマウス・オン→プルダウン・メニューの selling をクリック→画面左リストの Active をクリックして表示される管理画面に、出品した品物が、写真付きでリスト表示されますので、確認可能です。

また、出品後、**特に定額販売での出品後に、一定期間経過しても売れないようなら、各種見直しをします。その際には、Active（出品中）画面に、表示される該当の右側プルダウン・メニューから、Revise（改訂）を選択することで、出品内容を修正することができます。価格やタイトル、写真などを変更して、売れ行きの変化を見守りましょう。**また、出品を取り下げたいときは、同じプルダウン・メニューの End listing（出品終了）を選択します。

以上、出品方法について、さまざまに解説してきました。ここで触れていない項目については、設定・入力が必須ではありません。空欄のまま進めるか、慣れてきたら、ヘルプ・ページを見ながら使うことをお勧めします。

3 販売後の出荷と顧客フォロー

売上発生の認識方法とお客さん対応の操作メニュー

出品後に待ちに待った売上が生じると、eBay登録したメール・アドレスにお知らせが届き、売上を認識できます。

また、My eBay → selling → Sold の順にクリックしてSold（販売済み）リストの画面にアクセスすることで、売れた商品を確認することができます。

Sold画面で該当商品の右側にあるプルダウン・メニューには、その商品に関連して操作できる項目がリストアップされます。次のページの画像には、

Add tracking number（追跡番号入力）、

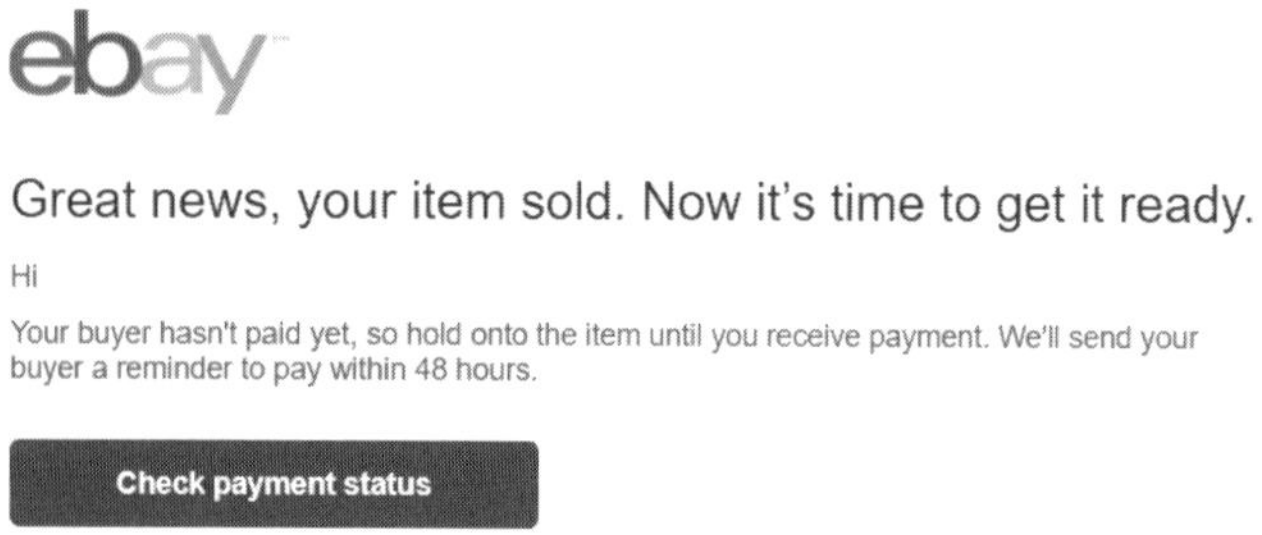
ebay
Great news, your item sold. Now it's time to get it ready.
Hi
Your buyer hasn't paid yet, so hold onto the item until you receive payment. We'll send your buyer a reminder to pay within 48 hours.
Check payment status

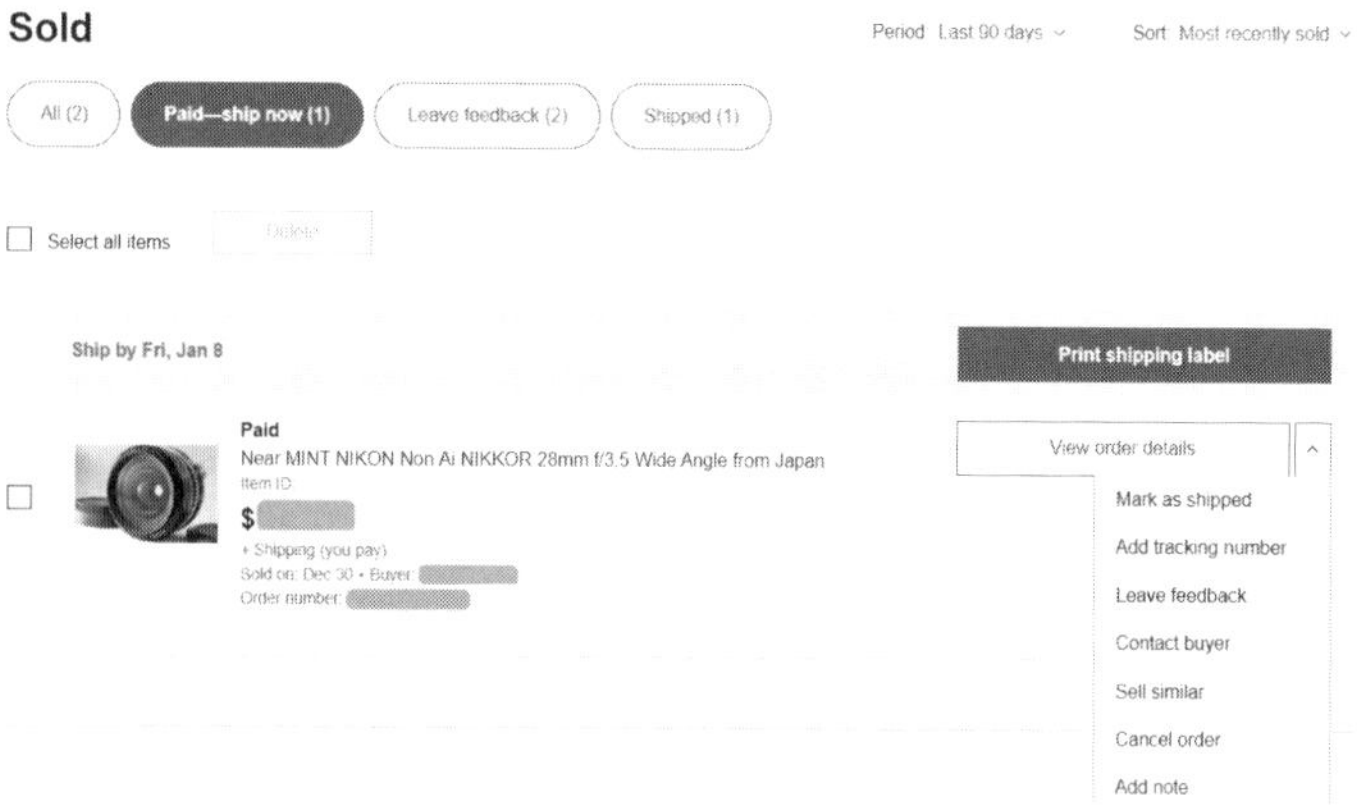
Sold
Period Last 90 days
Sort Most recently sold
All (2)
Paid—ship now (1)
Leave feedback (2)
Shipped (1)
Select all items
Ship by Fri, Jan 8
Print shipping label
Paid
Near MINT NIKON Non Ai NIKKOR 28mm f/3.5 Wide Angle from Japan
Item ID
$
+ Shipping (you pay)
Sold on: Dec 30 • Buyer:
Order number:
View order details
Mark as shipped
Add tracking number
Leave feedback
Contact buyer
Sell similar
Cancel order
Add note

Leave feedback（評価を残す）、
Contact buyer（お客さんに連絡）、
Cancel order（注文のキャンセル）

などが表示されています。必要に応じて選択してお客さん対応を進めます。

さらに、プルダウン・メニューの上に表示されている Print shipping label というボタンをクリックすると、お客さんの住所や郵便番号が表示された画面を閲覧できます。

ここで注意が必要です。Print shipping label というのは、「発送ラベルを印刷する」ということですが、日本人がこのメニューを使って発送ラベルを作ることはできません。

これはアメリカに在住する出品者向けのメニューです。

日本在住の出品者は、Print shipping label を、発送先の住所や名前を確認するための機能として使い、発送ラベルは、日本郵便の国際マイページや、クーリエ各社ラベル作成サイトを利用して作ります（詳細は後述）。

売上発生後に確認すべき2つの重要事項

売上が発生したら、2つの確認を進めてください。

1つ目は、ペイパルに入金があることの確認です。eBayでは、売買取引が成立することと、入金があることとは、別の概念とされています。eBayで売買が成立しても、**ペイパルに入金がなければ、品物を発送してはいけません**。

特に安い品物のオークション販売の場合は、落札してから入金があるまで時間が空くことがしばしばあります。

入金の確認方法は、ペイパルのアカウントにログインして取引記録を確認します。また、ペイパルから届く入金連絡のメールでも確認可能です。

なお、売上が発生した後で、**24時間以上経過しても入金がない場合は、お客さんに請求書を出します**。売上が発生しても未着金の場合は、Soldのリストにあるプルダウン・メニューに Send invoice（請求書送付）というメニューが表示されますので、そこから請求します。同時に Contact buyer のメニューからメッセージを送ると、より丁寧です。

また、商品販売後7日以上経過しても入金がない場合は、出品者に不利益がない形で、取引キャンセルが可能です。

売上発生後2つ目の確認事項は、住所です。**eBayの Print shipping label をクリッ**

クして表示される住所と、ペイパルの取引記録（または入金を知らせるメール）に記載された客さんの住所が、両者一致していることを確認する必要があります。

一致していない場合、どちらかの住所に品物が届いても、商品未着クレームが起きる余地があり、返金の憂き目にあう可能性が生じます。例えば、ｅＢａｙ記載の住所に発送して到着したとします。その結果、ペイパル側記載の住所には未着ということになり、ペイパル側でクレームを起こされたら返金される可能性が残ります。このようなトラブルは、お客さんが引越した後に、ｅＢａｙかペイパルいずれかの住所変更をし忘れている場合に生じます。

このような事態を防ぐために、2つの住所が異なる場合には、以下の4ステップの手続きを踏みます。

・お客さんに連絡して、一度ｅＢａｙの取引をキャンセルし、返金します。
・その後、お客さんにｅＢａｙとペイパルの住所を一致するよう、変更手続きを取ってもらいます。
・再度出品者が品物をｅＢａｙに出品して、商品ページのＵＲＬをお客さんに連絡します。
・そのＵＲＬからお客さんが再度購入します。

第5章

こうすることで、eBayとペイパルとで住所が一致した状態で、発送できます。手間はかかりますが、国境を跨いだ取引を安全に行うため、このような厳格な手続きとなっています。

安全性と経済性を両立する梱包方法と重量測定

入金確認と住所確認が済んだら、いよいよ梱包です。国際運送の現場では大量の荷物が、高速の流れ作業で処理されていきますので、ときとして品物が強い衝撃を受けることも考えられます。そうした点も考慮して、品物が壊れないよう、また受け取ったお客さんが安心できるよう、安全面に配慮した丁寧な梱包を心掛けたいものです。

他方で、国際貨物の運賃は、国内発送よりも高額になりますので、安全性を重視して重たい梱包をしたり、大きな梱包をすると、運賃が予想外に高くなりかねません。**安全面と経済面のバランスをとった梱包**を心掛けたいものです。

具体的には、低価格帯の洋服のように落としても壊れにくい品物なら、梱包用の丈夫なビニール袋に包んで発送します。カメラのような精密機器で、落下によって壊れやすい品物なら、気泡緩衝材（エアクッション）で2重に包みつつ、段ボールに入れて、中で動かないよう、丸めた新聞紙などの緩衝材で固定します。

その際に、経済面に配慮して、容積重量が適用されない条件をクリアできる極力小さな箱に入れて、フライヤー（ビニール袋）に入れます。緩衝材が入る隙間があり、かつ小さい箱であることがポイントです。なお、梱包方法については、クーリエごとに規定がありますので念のため確認しておきましょう。

その上で、キッチンなどにあるデジタル計量器で梱包後の重量を測定し、箱に記載しておきます。後で発送ラベルの作成上便利だからです。

以上のように、**品物の内容によって、さまざまな配送方法から最適なものを選べるよう、日ごろから配送方法を比較して、選択肢を多く持っておくこと**をお勧めします。

効率よく発送ラベルを作るツール

次に発送ラベルの作成について。郵便局の窓口でラベルをもらって手書きをする方法もありますが、これは手間がかかる方法です。現在はインターネット上で入力することで、発送ラベルを作り、自宅のプリンターで印刷の上、専用パウチ（ラベルを入れるビニール袋）を梱包箱に貼り付けて出荷する方法が、越境ＥＣでは一般的です。

オンラインで作る発送ラベルは、利用する運送会社ごとに作るサイトが異なります。

郵便局の場合は、国際マイページです（https://www.int-mypage.post.japanpost.jp/mypage/M010000.do）。

ＤＨＬやＦｅｄｅｘの場合は、それぞれの会社でアカウント取得した際に案内される専用サイトです。

詳細は、各サイトや各社のカスタマー・サポートで詳しく案内されますので、ここでは割愛しますが、どのサイトを使うにしても注意したい点があります。

自宅プリンターで出力した発送ラベルを梱包箱に貼り付けるには、専用パウチが必要ですし、手配してから専用パウチが自宅に届くまでに、通常は数日、遅いときは1週間程度かかる場合もあります。 商品が売れてから手配していては、先述したハンドリング・タイムに間に合いません。また郵便局の窓口でも配布していません。事前に用意をしておくよう気を付けましょう。

ラベル作成は、各運送会社のサイトに、相手先の住所や氏名、商品内容、重量などを入力して行うのが基本ですが、いずれの情報もｅＢａｙにデータとして表示されています。これを、その都度コピー＆ペーストしてラベルを作っていると手間がかかります。また、発送量が増えたときに、手作業でのミスを減らす工夫も必要です。そこで、eBayと各運送会社のラベル作成サイトを自動連携させ、データのコピペをせずにラベルが作れるツール、Ship＆Coをご紹介します（https://www.shipandco.com/ja/）。

Ship＆Coは、eBayから出荷情報を自動的に取り出して、ラベル作成しますので、コピー&ペーストの手間が不要です。

それに加えて秀逸なのは、郵便局、DHL、Fedexなどの各社の運賃の相見積もりを簡単に得られる点です。

各社のラベル作成ページそれぞれで送料を確認して、運賃を比較していては、3社それぞれに出荷情報のコピー&ペーストすることが必要で、非常に効率が悪いです。しかし、**Ship＆Coなら梱包後の重量を入力するだけで、各社の送料が確認でき、簡単な操作で比較、相見積もりができます。**eBayに副業で取り組むなど、他の仕事で忙しくされている方には、お勧めのツールです。

追跡番号を入力して出荷

発送ラベルができたら、そこに表示されている追跡番号をeBayに入力（Soldの

プルダウン・メニューで Add tracking number を選択）して、お客さんに出荷を報告します。

なお低単価の品物で、追跡番号を提供しない発送方法を使っている場合は、Ｓｏｌｄ画面のプルダウン・メニューで、Mark as shipped（出荷済み）を選択して、お客さんに報告します。

次に、品物を郵便局やクーリエの窓口に持参するか、集荷依頼の連絡をして取りに来てもらいます。運送会社ごとに、窓口の営業時間帯や、場所、集荷依頼の締め切り場所が違いますので、間に合うように手配しましょう。集荷は電話やネットから依頼ができます。

また窓口への持ち込みの場合、クーリエによっては航空安全に配慮して身分証明書の提示を求められることがありますので、事前に準備をしておきましょう。

なお、順番としては、出荷の後に追跡番号を入力するのが理屈に合いますが、ハンドリング・タイムに間に合う範囲であれば、多少前後しても問題ないようです。なお、出荷後にお客さんに一言、出荷した旨と追跡番号を連絡すると、お客さんも安心します。そのような丁寧な取引を続けていると、出品者としての評価を高めやすくなり、リピーター獲得につながります。

アフター・フォローをしつつ評価を依頼

出荷後、到着予定日のころを目途に、お客さんに連絡を入れて（Ｓｏｌｄ画面プルダウン・メニューの Contact buyer ）、**商品に問題がなかったかどうかなど、アフター・フォローをしつつ、問題がなければ評価を依頼**しましょう。特にクレームがなければ、それで取引完了です。

なお、出品者からお客さんに対する評価は、入金があった時点で入力すると、評価忘れを防ぐことができます。先に出品者が評価を残すことで、お客さんも評価を残しやすくなります。また、出品者はお客さんにネガティブな評価を残すことができません。ポジティブを残すか、評価しない、という二択となっています。

お客さんの出方を見てから評価を検討することは、あまり有意義ではありませんので、**気前よくいい評価をあげると、こちらもお客さんからポジティブな評価を得やすくなります**。ちょっとした秘訣です。

売上代金の引出方法

売上代金がペイパルに入金されると、それを引き出して、登録した日本の銀行口座に振り込むことができます。ペイパルにログインして、引出メニューを操作するだけです。具体的には、画像の「資金の移動」ボタンをクリックして、必要事項を選択、入力します。

その後、日本の銀行口座には数日中に入金されます。公式には3営業日から6営業日後と案内されますが、実務上は引出し依頼した当日から翌営業日には、着金するケースが多いです。

売上代金は、お客さんからペイパルに入金されて、すぐに引き出し依頼することができるのが原則ですが、eBayの初心者の場合には、例外的に引出が一時的に（21日間）制限される場合があります。ペイパルでは、この引出し制限を、支払代金の保留と呼んでいます。

支払代金保留の対象者は、eBayの米国サイト（www.ebay.com）等に出品している人で、かつ下記のいずれかに該当する出品者です。

・はじめて販売してから90日以内の人
・販売件数が25件以下の人
・売上総額が250米ドル以下の人
・販売した商品が、買い手保護制度となるクレームが多発した人

支払代金の保留を早く解除するためには、eBayに追跡番号を入力します。商品の到着が確認されてから通常3日後に、売上代金の引出し依頼が可能になります。また、お客さんからポジティブな評価をもらった場合にも、引出し依頼ができるようになります。

以上、出品方法について説明しました。最初は不慣れなので大変ですが、慣れてくると短時間で出品できます。また、一度出品した商品がある場合、同じものを売るときは、過去の出品データをコピーして出品できますので、数をこなすほどに作業効率を上げられます。どんどん経験を積み上げて、腕前を上げていきましょう。

第6章

失敗しないために！成功者だけが知っているマル秘・豆知識

1

売上アップの決定打は、検索エンジン対策SEO

SEOの重要性と3分類

第5章までのノウハウ解説で、仕入れから販売まで一通りの実践が可能になったかと思います。本章ではさらに踏み込んで、成功を長く続けるための秘訣をお伝えします。

eBayに限らずネットで販売活動を続けていると、一時的な販売不振に悩むこともあります。そうしたときに点検したいのが、SEOつまり検索エンジン対策です。ネットでは、ほとんどのお客さんは、キーワード検索して商品を探すところから買い物を始めます。そのため、検索結果に自分の商品が表示されるかどうか、上位表示されるかどうかが、売上アップの第一関門になります。

検索結果で商品を閲覧した見込み客のうち一定割合の人が、実際に代金を払って買い物をしてくれます。そこで、検索結果に表示され閲覧される回数が増えるほど、売れやすくなるのです。

では、どうしたら検索結果に表示されやすくなるのでしょうか。じつは、eBay内の検索エンジンに特化したSEOがあるのです。本章で紹介するSEOは、多くの経験ある出品者が、長年の実践活動の中で体験的に感じ取ってきた経験則をまとめたものです。また、ここで紹介するSEOを活用することで、副業で何年も継続できている方はもちろん、eBayを本業として取り組めるほど成功した出品者たちも多数います。eBayを実践するうえで不可欠の知識になるのです。

私が運営するeBayスクールでは、検索エンジン対策の内容に応じて、SEOを3つに分類しています。**静的SEO、動的SEO、そして防衛的SEOの3つ**です。

静的SEOは、出品ページの作り込みに関するもので、一度出品ページを作ってしまえば、それ以降大きく動かすことがないため、静的SEOと呼んでいます。内容としては第5章で解説した出品ページ作りの方法で、SEOに即したページはできているはずです。本章ではさらに踏み込んだポイントを解説します。

動的SEOは、出品者としての出品活動や、商品の動きを伴うSEOです。代表的なものは、追加出品と販売実績作りになります。

そして、防衛的SEOは、出品者としての成績表（セラー・ダッシュボードとお客さんからの評価）を防衛することを指しています。

まずは、静的ＳＥＯですが、これを踏まえた出品ページ作りについては、第5章で解説しました。商品タイトルに盛り込むべきキーワードや、ＵＰＣ欄の入力、絞込検索対策としての Item Specific 欄の入力などです。

その中で**近年特に重要性を増しているのが、成果報酬型の有料広告であるPromoted listing（プロモーテッド・リスティング）です。特に競合出品者が多い商品カテゴリーでは、プロモーテッド・リスティングを使うかどうかで、売れ行きに大きな違いが生まれます。**

皆さんが取り組む商品カテゴリーの競争状況をみて、売れ行きが鈍ければ、プロモーテッド・リスティングの活用を試してみましょう。

プロモーテッド・リスティングは有料広告ですが、売れて初めて課金される成功報酬の仕組みです。売上代金の中から広告費を捻出でき、リスクがありませんので、積極的に活用することをお勧めします。

なお、広告経由での販売なので、検索エンジン対策と呼ぶには語弊があるかもしれませんが、出品ページの作り込みという点や、販売促進という目的の観点で、ＳＥＯに共通することがあるので、静的ＳＥＯとして分類しています。さらに重要なことですが、出品するカテゴリーの競争状況によっては、プロモーテッド・リスティングを使わないと、他のＳＥＯの効果が出ないと感じられるケースもあることから、プロモーテッド・リスティングはＳＥＯの一環をなすものと考えています。

検索エンジン対策の本命！　動的ＳＥＯの2本柱

次に動的ＳＥＯですが、追加出品と販売実績作りが中心的な取り組み課題になります。ｅＢａｙでは、努力する出品者を評価する傾向が強く出ています。そのため活動量の多い出品者は検索エンジンで優遇されて、売上の増進が図りやすいことが、多くの出品者の経験から見えています。

また、検索結果の画面は、ｅＢａｙや出品者にとって販売の機会となる重要な経営資源なのですが、それは無限に存在するわけではありません。お客さんの検索回数とｅＢａｙの閲覧時間という制約条件の中に存在している有限の経営資源です。

そして、ｅＢａｙも営利企業ですから、その有限の経営資源を最も効率的に活用できる出品者にこそ、検索結果画面を占有するチャンスを与えることが合理的です。ｅＢａｙにとっては、出品者から得る手数料収入が経営基盤だからです。

逆に言えば、検索結果に表示しても、お客さんに買ってもらえない出品なら、表示するだけ経営資源を浪費していることになります。この点から、**販売実績ある出品者が優遇**されているようです。

販売実績については、長期在庫を放置せずに、出品して一定期間経過しても売れない品物は、機械的に値下げして、できれば損しない程度の価格で売り切ってしまうことが大切です。値下げして売った商品それ自体では利益を得ることができなくても、SEO効果を得ることができます。その結果、値下げしていない他の品物が売れ、全体として利益が増えるという点がポイントです。

イメージとしては、釣りの撒き餌のように販売実績を作ることでSEO効果を生み、他の品物で、魚を釣り上げるイメージです。**撒き餌は無駄になりますが、釣り上げた魚と差し引きして、全体で利益が残ればよいと考える**のです。

次に追加出品については、継続的に安定的に出品することが、SEOの効果を高めやすいです。**1日に30個出品するよりも、1日1個ずつ、30日間かけて出品するほうが、安定的な売上につながる傾向があります**。「毎日出品するのは大変だ」と感じる場合には、2日に1回くらいに減らしても、SEO効果は持続します。一方、中2日以上空くと、売れ行きが幾分鈍り始める印象があります。

ここで注目したいのは、追加出品することが、商品単体として検索結果が良くなることよりも、出品者としてすでに並べている商品全体の検索結果が良くなる効果がある点です。これは静的SEOとは異なる点です。

私のスクールのある受講生は、2020年4月に取り組みを開始して、7月に初売上げを計上しました。その後、動的SEOをしっかり実践し、見事11月には月間利益69万円を達成しました。

動的SEO実践の秘訣は仕入れ力

動的SEOのうち、販売実績作りについては、在庫処分という言葉を使ったため、ネガティブな響きがあるかもしれません。しかし、損して売ることを推奨しているわけではありません。利幅を減らしてでも売ったほうが、全体としての利益総額が増えて、得策だということです。また、値下げをしても利益が残る程度に、十分に安い仕入れを行っていくことが、重要なポイントです。

そして追加出品については、安定的に出品を継続するために、仕入れの量も安定させる必要があります。

以上から、動的SEOの実践にあたって、仕入れの練習を十分にやって、腕を磨いておくことが大事です。売れ筋商品を仕入れることはもちろん、安い価格で、安定的な量の仕入れができるようになることが、動的ＳＥＯを習得し、売上アップで長く成功する鍵でもあるのです。

なお、仕入れ力補強のため、私のスクールでは講師が実店舗仕入れに同行してサポートを行っていますが、仕入れ力が十分でない初心者向けに、動的ＳＥＯを意識した講座としています。

防衛的ＳＥＯとセラー・ダッシュボード

ｅＢａｙを長く実践していると、ある日突然売れ行きが鈍り、静的ＳＥＯや動的ＳＥＯをしっかり実践しても、売れ行きが回復しないというケースがあります。これは、ｅＢａｙの出品者として、評判が落ちるような出来事が何かあった場合に生じることが多いです。そこで、**評判が落ちないような販売活動を実践することで、売上の減少を防ごうとする取り組みが、防衛的ＳＥＯです**。

防衛的ＳＥＯを理解するには、ｅＢａｙにおける出品者への評価システムを理解することが鍵になります。

ｅＢａｙでは出品者に対する評価として2種類あります。1つはお客さんからの評価であり、Feedbackと呼ばれ、Positive（良い）、Nuetral（普通）、Negative（悪い）の3種類の評があります。もう1つは、ｅＢａｙ事務局から出品者に対する評価です。これはSeller dashboard（セラー・ダッシュボード）という管理画面で閲覧が可能ですが、お客さんからは見えない成績表です。

セラー・ダッシュボードでは、各種減点項目が決められており、該当する出来事が起きるたびに減点されていきます。

一定数を超えるとセリング・リミットを減らされるなどのペナルティがあったり、逆に良好なセラー・ダッシュボードを維持することで、手数料の割引や、優良出品者（Top rated seller）の認定バッジが出品ページに表示される特典が得られます。

減点項目としては、以下の項目が代表的です。

・出品者が自分でクレーム処理しきれずに事務局が裁定した場合
・在庫切れを理由として、出品者都合で取引をキャンセルした場合
・出荷や到着の遅れがあった場合

などです。なお、セラー・ダッシュボードは、画面右上My eBay→Account→Seller dashboardの順にクリックするとアクセス可能です。

防衛的ＳＥＯを実践するうえで、特に影響が大きいのは、クレームを事務局が裁定する場合です。これが起きると、その後１か月前後の期間、売上が鈍ることを経験した出品者が、私の周りでは散見されます。また、クレームの事務局裁定ほどではありませんが、私の受講生の業績を見ていると、お客さんからのネガティブな評価も、売上に影響があると感じられます。

クレームの事務局裁定に限らず、お客さんからの評価や、セラー・ダッシュボードへの減点が生じないように、日ごろの販売活動を律することが、防衛的ＳＥＯとしての取り組みになります。

以上、売上アップを図るための施策としてＳＥＯについて解説してきましたが、次項ではＳＥＯ以外で売上アップにつながる取り組みを紹介します。

ｅＢａｙ多国籍並売でさらにお客さんを増やす！

先述したＳＥＯが重要であったのは、お客さんからの閲覧数の増加が、売上増加につながるからでしたが、閲覧数を増加する方法はＳＥＯだけではありません。**ｅＢａｙには国ごとに複数のウェブ・サイトが存在するので、各国に出品することで、閲覧数を増やしていくことができます。**

もう少し詳しく説明します。ｅＢａｙといえば、米国のウェブ・サイトであるebay.comが最大のマーケットですが、ｅＢａｙは米国に限らず、世界の主要国それぞれに存在します。例えば、同じ英語圏のイギリスはebay.co.uk、オーストラリアはebay.com.au、フランスならebay.fr、ドイツはebay.deです。

そして、米国ebay.comに出品した同じ商品を、他の国のｅＢａｙにコピーして出品することも可能なのです。こうすることで、米国ebay.comに出品した商品を、一層たくさんの見込み客に、見てもらう機会が増えていきます。

特に英語圏なら同じ英語ですから、商品説明も同じ内容で構いませんし、フランスやドイツでも、英語の出品ページのままコピーして出品しても、売れていきます。同じヨーロッパ系の言語間では自動翻訳の精度が非常に高いこと、そして英語を読めるお客さんも多いからだと思われます。

このような「ｅＢａｙ多国籍並売」を実践するには、米国ebay.comのＩＤを使って、他国のｅＢａｙに出品する方法と、米国以外のｅＢａｙでＩＤを取得して出品方法の2種類があります。後者は複数のＩＤを管理する手間が増えますが、メリットとして、それぞれの国でのＳＥＯ効果が高いようです。地元のＩＤが優遇されていることが背景にあると思われます。

米国eBayから並売国にコピー出品する方法は、米国eBayの出品情報をCSVデータでダウンロードし、通貨や価格、出品国設定などを、表計算ソフトで編集してから、並売先の他国eBayにアップロードします。

さらに閲覧数を増やすなら、国内のマーケットであるヤフオクなどで並売することを選択肢に入れてもよいです。ただ、「eBay多国籍並売」と違い、eBayと国内マーケットとの間では、コピー出品することができません。1つひとつ出品作業を行う必要がありますので、出品の手間が増えることがデメリットです。

並売を実践する上で気を付けたいのは、売れた後の処理です。ある国で売れたら、その時点で、同じ商品は存在しませんので、他の国の出品を取り消さなくてはいけません。

放置しておくと、在庫切れの商品が売れてしまい、出荷は当然できませんので、キャンセルせざるを得ません。そうするとお客さんに迷惑がかかるだけでなく、先述したセラー・ダッシュボードの減点に該当してしまいます。SEO効果に配慮して、販売済み商品をしっかり取り下げることを忘れずに実践しましょう。また、並売に関するeBayのルールもありますので、ヘルプ・ページ等で確認しながら慎重に進めましょう。

並売は多少手間が増えますが、販売を増やす努力としてはシンプルで手堅い方法です。米国eBayだけでは物足りないと感じたら、チャレンジしてみてはいかがでしょうか。

2 作業効率を格段に上げる在宅スタッフ活用法

在宅スタッフと外注業者の活用で、作業効率を大幅アップ

eBayでの輸出販売では、会社員が趣味や副業レベルの活動をひとりで行うことは十分に可能です。

しかし、出品ページ作りや、写真撮影、売れた後の梱包・発送など、モノの販売には多くの作業が付随します。このため、ある程度慣れてきた方が、アクセルを踏み込んで出品数や販売数を伸ばそうとしたときに、ボトル・ネックになるのが作業時間です。

そこで活用したいのが、在宅スタッフや外注業者です。**こうした外部の人材活用を行うことで、自分ひとりではやりきれない作業を担ってもらい、ご自身はeBay販売で最も重要な仕入れやSEO、管理業務に特化することが可能になります。**

時間管理の一環として、重要な仕事に集中することで、販売活動全体の規模を大きくして、利益を増やしていくこともできます。報酬は内容にはよりますが、1作業あたり数十

円から数百円など、割安に依頼することも交渉可能です。

今では、商品写真の撮影や、梱包発送と合わせて、在庫の保管までやってくれる業者もいます。自宅に在庫を置きたくないという方には非常に有益な存在です。

外部人材として活用できる選択肢には、大きく在宅スタッフと外注業者の2種類が考えられます。

在宅スタッフは、個人で内職的に取り組もうとされる人です。日本では近年、大手企業でも副業が解禁・推進されている傾向があり、特にコロナ以降は在宅で仕事をする人が増えています。通勤時間が節約でき、空いた時間で副業に手を伸ばしたい人も増えていますので、eBay出品者には、便利な利用環境ができつつあります。

在宅スタッフは自宅で仕事をしてくれますので、安い報酬単価で仕事を受けてくれることが多く、**コスト・パフォーマンスを優先するなら、在宅スタッフの活用がお勧め**です。また、優秀な人であれば、思った以上に幅広い業務を、柔軟に受けていただけます。

例えば私の場合には、税金の確定申告時期には、税理士に申告書作成を依頼する前段階で、領収書の整理・集計を在宅スタッフに依頼して、時間節約しています。

デメリットとしては、個人に依頼することになるので、本人や家族の体調次第で、「今日は仕事ができません」という事態に直面することがある点です。ただ、複数の在宅スタッフに依頼できるようにしておくことで、体調面からくる休業に対処することは可能です。また、依頼する業務内容については、初心者であることが多いので、最初は作業マニュアルや簡単な教育研修（Ｚｏｏｍを利用した面談など）が必要です。軌道に乗せるまでに一定期間必要になりますので、導入に当たっては、計画性が求められます。

外注業者のメリットとデメリット

他方で外注業者は、組織的・専門的に物販業務の側面支援する事業者で、会社組織であることが多いです。メリット・デメリットは、個人である在宅スタッフの逆になります。組織的に行っているので、従業員個人の欠勤を理由に、仕事が止まってしまうことはありません。中には、年末年始や大型連休、お盆の時期でも営業を継続してくれる業者もあり、ｅＢａｙ出品者にとっては販売活動を安定的に行う面から、大変頼もしい存在です。

デメリットとしては、仕事の範囲が限られていることです。一般的には、商品撮影、梱包・発送と、それに伴う保管業務に特化していることが多いので、それ以外の業務を依頼しても断られることが多いでしょう。仕入れをはじめ、検品や清掃、出品作業の依頼には応じてもらいにくいです。

また、報酬面では、依頼する作業内容に付随して、オプション作業の手数料が加算されるケースもあり、在宅スタッフと比較すると、やや割高な傾向があります。

以上のように、在宅スタッフと外注業者では、依頼できる業務範囲に違いがあり、またメリット・デメリットが補完関係にあるので、両者を使い分けて活用するｅＢａｙ出品者が多いです。**具体的には、撮影・保管・梱包・発送は外注業者を使い、出品作業や英語のお客さん対応を在宅スタッフ、仕入れや検品は自分でやるという形**です。

在宅スタッフを探す仲介サイトの活用方法

在宅スタッフを探すには、以下の仲介サイトを使うことが一般的です。

・クラウドワークス　https://crowdworks.jp/
・ランサーズ　https://www.lancers.jp/

いずれも、仕事を発注する側と、受注希望する個人を結ぶマッチング・サイトです。特にクラウドワークスは、テレビＣＭで見たことがある方も多いかと思います。

使い方としては、どちらも会員登録した後で、依頼案件を投稿するところから始まります。依頼案件の内容は、他の類似案件を参考にすると、報酬相場や、応募が多い依頼票の作り方（記載事項や表現）を学ぶことができます。

依頼案件を投稿すると、閲覧した受注希望者から申し込みが入りますので、取引条件をすり合わせて契約となります。

その後、報酬をエスクロー方式で仮払いしてから、業務がスタートします。業務が完了したら、納品され、依頼者が検収・了承すれば、業務終了で仮払いした報酬が、受注者に支払われます。

以上、ここでは概略的な説明に留めますが、詳細は各社のホームページに詳しい案内が出ていますので、ご参照ください。

上記2つの仲介サイトは、日本全国から応募が届きますが、**依頼者（eBay出品者）が自宅周辺（つまり地元）での個人スタッフを探したい場合には、ジモティ**（https://jmty.jp/）を使うケースもあります。

商品の検品や清掃、そして撮影を依頼する場合には、商品を保管してある出品者の自宅で作業をしてほしいと思うケースがあります。このような場合、通勤圏内に在住の個人スタッフを探すために便利な仲介サイトがジモティです。

なお、外注業者については、「撮影代行」や「発送代行」というキーワードでネット検索すると、たくさんの業者が出てきます。あとは報酬内容その他の取引条件を確認して、使いやすいところを選びます。

在宅スタッフ活用を成功させる秘訣

在宅スタッフを活用するには、忘れてはならない大事なことがあります。

それは、自分ができないことを、在宅スタッフに依頼しないことです。在宅スタッフを活用する目的は、eBay出品者の時間節約ですが、もちろん低コストで依頼することが前提になります。

ところが、eBayに関連して、出品者が自分でできない作業は、専門性の高い作業ということになりますから、それでは報酬も高くなってしまいます。相手の専門性のほうが高くなると、報酬を決める際に、相手が主導権を握ることになってしまいます。

また、依頼業務を進める中でも、「これはできない」、「変更すべきではない」など、仕事の内容についても、相手主導になってしまいかねません。

こうしたことを防ぐためにも、依頼する作業は、だれでもできる単純で簡単な作業にしておきましょう。

また、受注する在宅スタッフも、報酬が安いことがわかっていて応募してくれるのですが、作業がシンプルで、ストレス無く、コツコツ気持ちよく働けるからこそ、依頼を受けてくれるのです。

ところが、高度な状況判断が必要な場合や、作業が単純ではなく、あれこれとミスを指摘されながら、作業を進めるようになると、在宅スタッフも気分を害して、仕事を継続してくれなくなります。この点からも、**依頼する作業を単純な内容にしておく必要があります**。

そのためは、依頼する作業を細分化しておくことがポイントです。在宅スタッフとの関係がどうもギクシャクすると感じたら、依頼内容が、十分に細分化できているかどうかを見直しましょう。そうすると、状況を改善できる可能性が高いです。スタッフの能力やキャパシティを見ながら、細分化の程度を決めていくことが大切なのです。

3 予算に応じたペース配分で、無理なく継続する秘訣

キャッシュを確実に残す仕入れ量の決め方

eBayに限らずネットでモノの販売をしていると、「計算上では利益が出ているのに、お金が残らない」というご相談をいただくことがあります。このような現象は、売上で稼いだ利益を、次の仕入れに再投資していることが原因です。

では、いくらの仕入れを行えば、キャッシュが残るのか？　という疑問がわいてきます。そこで、売上と利益、そして仕入れの関係を詳しく分析して、キャッシュを残せる仕入れ活動の在り方について解説していきます。キャッシュが残るメカニズムが見えてくることで、仕入れ過ぎや、仕入れ不足を回避して、バランスよくeBayを継続できる素地を作るための説明になります。

思い出してほしいのは、第4章で解説した次の利益の計算式です。

「売上－販売手数料－海外送料－仕入れ値＝利益」

売上の構成

仕入れ値（原価）	利益	手数料 海外送料

この式を変形すると左のようになり、現金の裏付けある売上が3つの項目に分解できることがわかります。

「売上＝（手数料＋海外送料）＋利益＋仕入れ値」

これをわかりやすいように図解すると上の図になります。

売上のうち、手数料や送料に充てる部分は、天引きされたり、後で支払いが必要なので、次の仕入れに回すべきではありません。他方で、売上のうち、原価相当の部分は、過去の仕入れで支払いが済んでいるものが、売上を通じて現金として回収された部分になりますから、次の仕入れに回すことができます。

そこで、**原価相当部分と、利益部分の合計が、次の仕入れに回せる金額の上限になります**。以上を前提に、どの程度仕入れるべきかを検討してみます。

次のページの図は、ある月の売上に対して、翌月の仕入れを4パタ

翌月の仕入れパターン

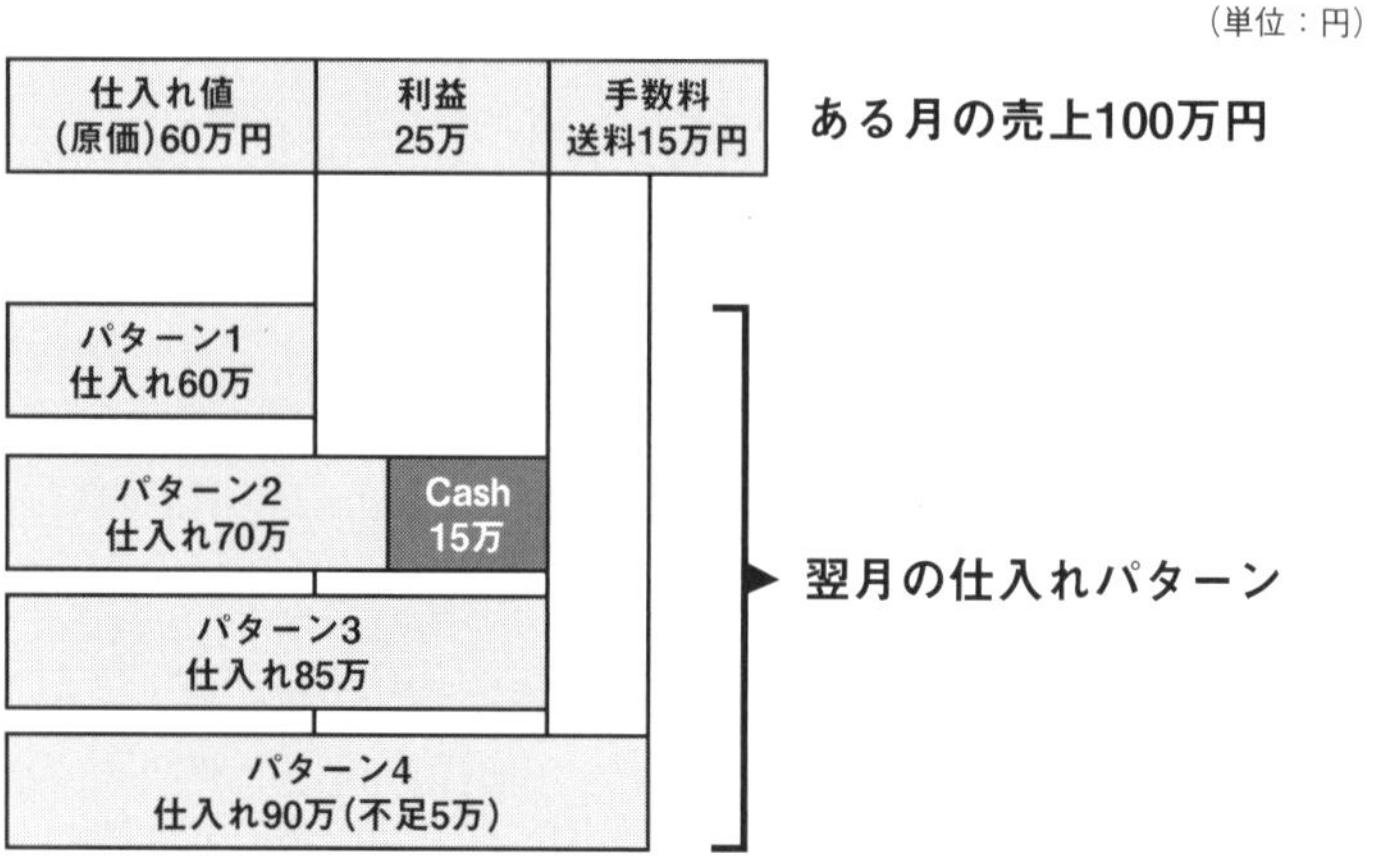

ーンに並べたものです。

パターン1では、すでに売上で回収した原価相当額60万円と同程度の仕入れ額とした場合です。この場合、利益25万円には手を付けていませんので、利益を全額生活費や貯蓄に回しても問題ありませんが、不測の事態に備えて、一部は貯蓄しておきましょう。しかし、eBayの在庫量は前月と同水準になりますので、現状維持となり、翌月に大きく利益が伸びることはないと思われます。

パターン2では、原価相当部分60万円に、利益の一部（10万円）を加算した金額を、翌月の仕入れ額とした場合です。前月よりも在庫が増えていますので、結果として翌月の利益も増える可能性があります。また、利益のうち、翌月の仕入れに回さなかった部分（15

万円）は、キャッシュとして残ることになります。

パターン3ではさらに在庫を増やしていますが、利益部分（25万円）すべてを翌月の仕入れに再投下していますので、キャッシュは残りません。また、クレーム返品時の送料負担など、想定外の費用が発生すると、支払いができなくなりますので、注意が必要です。

そして、パターン4。ここではさらに仕入れを増やしていますが、パターン3を超える部分（5万円）は、手数料や送料として支払い済みなので、キャッシュの裏付けがなく、資金が足りなくなります。不足する部分は、貯蓄を取り崩すか、借入など資金調達して補う必要があります。

貯蓄や、資金調達のあてもなく、無理な仕入れを行うと、支払いができず信用を失うので、注意しましょう。

以上から、パターン1か2をモデルケースとして仕入れ量を決めていくことで、キャッシュが残る仕入れが可能になります。

eBay初心者や、ある程度慣れてきて規模拡大をする段階では、パターン2を基本とし、ある程度在庫量を増やしていきましょう。そして、これ以上増やすと、作業量が増え過ぎてやりきれないという段階に来たら、仕入れ量を少し減らし、パターン1に移行する

とよいです。

また、資金調達をしながら規模を拡大できる人は、パターン3や4で積極的にチャレンジすると、事業規模の拡大が早いです。ただ、在庫の量が増えると利益が増える反面で、作業量も増えますので、ご自身が使える時間や在宅スタッフの習熟度に応じて、無理のないペースで取り組んでいきましょう。

なお、ここでは便宜上、お客さんに負担いただく受取送料を売上に含めて説明していきます。また経費は、仕入原価、海外送料およびeBayとペイパルの手数料に限定しました。ただ現実には、成果報酬型の有料広告であるプロモーテッド・リスティングの広告費や、年間単位で必要となる所得税や税理士報酬、その他の諸経費があれば、それらも手数料や海外送料と同様に加味して、仕入れ量を決めることになります。

目標利益を達成する売上はいくらか

これからeBayを始めようとしている方や、計画がある人は、eBayでどの程度の売上があれば、目標としている利益が得られるか、気になっているかと思います。

これを考えるには、やはり利益計算式が出発点です。

「売上－販売手数料－海外送料－仕入れ値＝利益」

前項の説明では、左記の数字を例として使いましたが、ここでも同じ数字で考えていきます。括弧内の%表記は、売上高に対する各項目の割合です。

ある月の損益計算書

売上	100万円	(100%)
手数料・送料	15万円	(15%)
仕入原価	60万円	(60%)
利益	25万円	(25%)

このように、**ご自身のeBay販売に関連する収入と各経費について記録をしっかり残し、利益率や、各経費率を集計・把握しておくと、目標売上は計算しやすいです。**

例えば、目標となる月間利益が50万円だとすれば、売上高利益率は25%ですから、目標利益50万円÷利益率25%=目標売上200万円ということになります。

このように、目標利益を、平均利益率で割り戻すことで、目標売上高を求めることができます。

利益率についていうと、品物1個1個ばらばらで、ある品は50%、別の品物が10%になるなど、変動幅があるものです。ただ、月単位など一定期間継続して記録を残し、集計していくと、利益率や経費率は、おおむね一定水準に収まり、平均値が見えてきます。

もちろん利益率や経費率は、販売しようとしている商品カテゴリーや、品物の価格帯に応じて違ってきますので、ご自身のカテゴリーや取り扱う平均単価をもとに、実践を通じてデータを蓄積していくことが必要です。

また、より詳細に分析するなら、カテゴリーごと、価格帯ごとに集計するとよいでしょう。

このような利益計算をこまめに行うことを、面倒に感じられる人もいるかもしれません。しかし、1個1個売れるたびに利益計算をして、できればエクセルなどで一覧表示しておくと、いつでもその月の利益総額がわかり、モチベーションが高まってきます。

利益単価が3000円から1万円くらいの間になる場合には、1件1件の売上の記録を残すことが、モチベーションにつながります。逆にそれ以下の利益単価が平均値になるようなら、取り組み方や、取り組むカテゴリーの変更を検討したほうがいいかもしれません。

私が運営するスクール受講生の中で**業績の良い人たちは、ほぼ例外なく取引記録と利益計算をこまめに行っています。逆に利益計算をしていない人は、日々のルーチン・ワークが疎かになっている傾向があります。**業績に関心を持ち続けるマインドが、日々の行動力の源泉となるのです。

同業者を味方にする人脈構築法

先に、SEOに関して追加出品と仕入れの安定性について説明しましたが、仕入れルートは可能な限りたくさん確保しておきたいものです。そこで大切なのが同業者です。eBayに限らず在庫商売をしていると、在庫を増やしたい場合や、逆に仕入れを増やしすぎてしまい、在庫を減らしたい場合など、在庫量の調整が必要になる場面が出てきます。

こうしたときに頼もしいのが同業者です。同業者の中には、支払いの都合などで、ときには在庫を減らしたい人もいます。そうした同業者と日ごろから付き合いがあれば、業者間の価格で仕入れをするチャンスもめぐってきます。

逆に、こちらが在庫を減らしたい場合にも、同業者が引き取ってくれることがあります。**同業者をライバルとして遠ざけるのではなく、味方として日ごろから良好なお付き合いをすることを心掛けたいものです。**

他にも、同業者とお付き合いするメリットはあります。eBayのSEOは一定の期間ごとに少しずつ変化していきますので、こうした**環境変化に関して、日ごろから意見交換をしておくと、販売不振を防ぎ、さらには売上を伸ばす情報収集が可能です。**

同業者との出会いの場、交流の場を求めるなら、ｅＢａｙに関する各種サービスを提供するスクールや講師が主催するコミュニティに所属する方法があります。オンラインやオフライン両面で交流の機会があるので、そうした場で個人的に人間関係を形成していくと、情報交換や、在庫の融通ができる関係構築を進めることも可能です。

以上、第6章では、ＳＥＯや在宅スタッフの活用、そして数字の把握と日々の仕入れ活動との関係、そして同業者との交流について、取り上げてきました。気づいた方もいらっしゃるかと思いますが、**一連の作業は、会社でのさまざまな職種につながるものです。ＳＥＯは販売促進つまり営業、在宅スタッフの活用は人事、数字の把握や仕入れ量のコントロールは財務・経理といえるでしょう。**

ｅＢａｙが面白いのは、趣味で好きな品物が売れていき、利益を得ながら海外と趣味の繋がりができることですが、それに加えて、実践の中で、小さいながらも経営的な側面が学べるところです。

第6章はやや応用的な論点として設けた章ですが、ｅＢａｙをいっそう多角的に知る機会になったのではないでしょうか。

特典 メルマガ登録で 無料動画サイトにご招待！

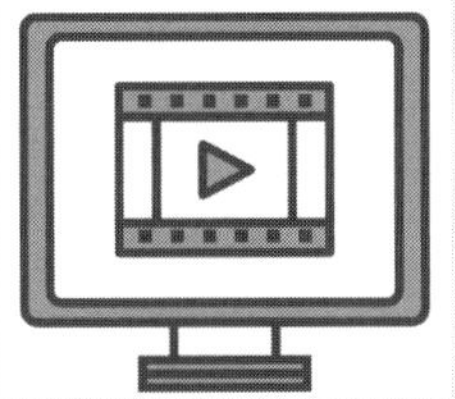

― 動画内容 ―

eBay輸出を立ち上げる3ステップ・ロードマップ
お宝発掘リサーチ・マニュアル
eBay動向など

登 録 方 法

以下のURLにアクセスしてください

https://richtrade-from.jp/mail/

※メルマガ 1通目で動画サイトの URLをご案内します。
※当特典は予告なく内容を変更・終了する場合があることをご了承ください。
※本特典に関するお問い合わせは、クールジャパン個人貿易学院（info@cooljapan7.com)までお願い致します。

クールジャパン個人貿易学院について

著者が運営する eBay輸出のオンライン・スクール。20代から60代までの多様な経験をもつ男性・女性が集い、情報交換するコミュニティです。 eBay輸出に関する教材はもちろん、商品撮影、商品知識に関する 150本以上の動画教材の提供、仕入ツアーなどの実地トレーニングもやっています。

公式サイト https://richtrade-from.jp/

［略歴］

志村康善（しむら・やすよし）

クールジャパン個人貿易学院 学院長。

1975年東京都生まれ。慶應義塾大学環境情報学部卒業。カリフォルニア州立大学にて会計単位を取得。

大学卒業後、税理士事務所等に勤務し、フランス、英国、米国など世界各国の国際会計業務に従事。2009年、海外出張の際に内外価格差に気づくとともに、「趣味」という眠れる資産を掘り起こしてeBay輸出に成功。その後変遷を経て、独立5か月目に収入4倍増を達成し、その経験をもとにeBayスクールの講師をスタート。

受講生の中には、就職が難しい中で子育て後の第二の人生をeBayで切り拓く50代専業主婦（月利50万円）、eBay輸出で残業を減らし、子供と過ごす時間を増やせた40代正社員のシングルマザー（月利30万円）、トラックドライバーから貿易事務所社長に転身した30代男性（月利150万円）などがおり、趣味から実益を生み、そして人生に変化を起こす人財を多数輩出中。

ネット個人輸出の成功マニュアル

2021年4月1日　第1刷発行
2022年8月1日　第2刷発行

著　者　　志村康善

発行者　　唐津 隆

発行所　　株式会社ビジネス社

〒162-0805　東京都新宿区矢来町114番地 神楽坂高橋ビル5階
電話　03(5227)1602　FAX　03(5227)1603
https://www.business-sha.co.jp

〈装幀〉大谷昌稔
〈本文組版〉茂呂田剛（エムアンドケイ）
〈印刷・製本〉大日本印刷株式会社
〈営業担当〉山口健志
〈編集担当〉中澤直樹

ISBN978-4-8284-2262-6